上海市质量状况分析报告

（2023 年）

上海市质量工作领导小组办公室
上海市市场监督管理局　编

上海科学技术出版社

图书在版编目（CIP）数据

上海市质量状况分析报告. 2023年 / 上海市质量工作领导小组办公室，上海市市场监督管理局编. -- 上海：上海科学技术出版社，2023.10
 ISBN 978-7-5478-6343-5

Ⅰ．①上… Ⅱ．①上…②上… Ⅲ．①质量管理－研究报告－上海－2023 Ⅳ．①F273.2

中国国家版本馆CIP数据核字(2023)第183050号

上海市质量状况分析报告(2023年)
上海市质量工作领导小组办公室
上海市市场监督管理局 编

上海世纪出版(集团)有限公司
上海科学技术出版社 出版、发行
(上海市闵行区号景路159弄A座9F-10F)
邮政编码 201101　　www.sstp.cn
上海光扬印务有限公司印刷
开本 787×1092　1/16　印张 7.75
字数 110 千字
2023年10月第1版　2023年10月第1次印刷
ISBN 978-7-5478-6343-5/F·41
定价：89.00元

本书如有缺页、错装或坏损等严重质量问题，请向印刷厂联系调换

前　言

2022年，上海市深入贯彻党中央、国务院关于质量强国建设的决策部署，加快推进质量强市建设，推动质量工作再升级。产品质量方面，本市制造业质量竞争力指数为95.17，连续多年排名全国第一；工程质量方面，本市建设工程检测平均合格率为99.97%，保持稳定；服务质量方面，公共服务质量满意度得分82.82，排名全国前列；在国务院对各省的质量工作考核中，上海市已连续8次获得A等。

本书主要收录了2022年度上海市质量水平、质量发展、质量保障、产业质量等方面的状况和信息，具有以下几个特点：一是对照《质量强国建设纲要》提升产品、工程、服务水平的目标，调整优化"质量水平"章节结构。二是加大对质量数字化转型、质量基础设施"一站式"服务、标准化人才队伍等新时期质量发展举措的研究力度。三是突出质量对产业链固链强链的支撑作用，加强对于"3+6"产业体系质量状况的调查分析深度。

本书由上海市质量工作领导小组办公室、上海市市场监督管理局组织编撰，上海市质量工作领导小组各成员单位、各区质量工作领导小组及相关行业协会、企业集团公司提供相关数据信息，上海市质量和标准化研究院具体编写，在此感谢相关部门和相关同志在本书编撰过程中给予的鼎力支持。

由于时间仓促，书中错漏疏误之处在所难免，恳请广大读者批评指正，以便持续改进。

编写组

目 录

第一章　质量水平　　　1

一、产品质量　　　3
（一）总体状况　　　3
（二）工业产品和消费品　　　6
（三）食品与食用农产品　　　11
（四）药品、医疗器械和化妆品　　　17
（五）特种设备　　　18
（六）进出口商品　　　20

二、工程质量　　　21
（一）工程建设　　　21
（二）水利建设　　　25
（三）交通建设　　　25

三、服务质量　　　26
（一）生产服务　　　26
（二）生活服务　　　29
（三）公共服务　　　36

第二章　质量发展　　　43

一、创新驱动　　　45
（一）科技创新　　　45
（二）质量攻关　　　47
（三）数字化转型　　　50

二、质量提升　　　52
（一）质量激励　　　52

（二）长三角一体化质量合作　　55
（三）质量共治　　59

三、品牌建设　　59
（一）老字号振兴　　59
（二）"上海品牌"认证　　61
（三）品牌培育　　61
（四）知识产权保护　　62

四、质量强区　　63
（一）质量特色创新　　63
（二）质量工作市民满意度　　65

第三章　质量保障　　67

一、制度保障　　69
（一）法制建设　　69
（二）政策制定　　70

二、技术保障　　73
（一）标准　　73
（二）计量　　78
（三）检验检测　　80
（四）认证认可　　82
（五）质量基础设施"一站式"服务　　83

三、资金保障　　84
（一）研究与试验发展投入　　84
（二）标准化推进专项资金　　85
（三）政府质量奖励资金　　85

四、人才保障　　86
（一）质量人才　　86
（二）标准化人才　　87

第四章 产业质量　　　　　　　　89

一、重点产业　　　　　　　　91
（一）集成电路　　　　　　　　91
（二）生物医药　　　　　　　　93
（三）人工智能　　　　　　　　94
（四）电子信息　　　　　　　　95
（五）汽车　　　　　　　　　　96
（六）高端装备　　　　　　　　98
（七）新材料　　　　　　　　102
（八）时尚消费品　　　　　　102

二、企业调查　　　　　　　　103
（一）总体情况　　　　　　　104
（二）分类分析　　　　　　　105
（三）分项指标　　　　　　　107

图

图 1　2013—2022 年上海市制造业质量竞争力指数　3

图 2　2022 年上海市制造业质量竞争力指数与京津冀地区平均水平对比　5

图 3　2022 年上海市制造业质量竞争力指数与长三角地区平均水平对比　6

图 4　2018—2022 年上海市缺陷消费品召回案件数和产品召回件数　9

图 5　2006—2022 年上海市食品安全评价性抽检总体合格率　11

图 6　2018—2022 年上海市各环节食品监督抽检合格率　14

图 7　2018—2022 年上海市食品安全违法犯罪案件查处情况　16

图 8　2018—2022 年上海市主要在用特种设备数量　19

图 9　2018—2022 年上海市特种设备万台死亡率　20

图 10　2022 年上海市消费环境各项指标评分结果　35

图 11　2018—2022 年上海市空气质量主要污染物年均浓度　37

图 12　2022 年上海市地表水环境质量状况　37

图 13　2018—2022 年上海公园数量（座）　39

图 14　2018—2022 年上海市各类生活垃圾日平均分出量（吨/日）　39

图 15　2022 年上海市养老机构服务质量日常监测结果　42

图 16　2018—2022 年全市养老机构服务质量日常监测平均得分　42

图 17　2020—2022 年上海市高新技术企业数、科技小巨人和科技小巨人培育企业数　46

图 18　2020—2022 年上海市重点产品质量攻关成果项目申报数　48

图 19　2022 年上海市重点产品质量攻关成果申报项目领域分布情况　48

图 20　2012—2022 年上海市重点产品质量攻关成效　49

图 21　2020—2022 年政府质量工作市民满意度评价情况　66

图 22　2022 年上海市各区质量工作市民满意度得分　66

图 23　2022 年上海市检验检测行业机构数量及业务收入　81

图 24　2018—2022 年上海市检验检测行业从业人数及出具报告数量　81

图 25　2018—2022 年上海市认证机构数量及认证证书颁发数量　82

图 26　2018—2022 年上海市集成电路产业销售收入　91

图 27　2022 年上海市电子信息行业企业质量管理信息化工具和系统应用情况　96

图 28　2022 年上海市时尚消费品领域分布　103

图 29　2021—2022 年上海市企业质量管理成熟度等级分布情况　104

图 30　2022 年上海市制造业和服务业企业质量管理成熟度情况　106

图 31　2022 年上海市企业高层领导关注和参与质量工作情况　107

图 32　2022 年上海市企业质量愿景和价值观情况　108

图 33　2022 年上海市企业质量管理体系建设情况　109

图 34　2022 年上海市企业质量培训情况　109

图 35　2022 年上海市企业生产/服务环节质量控制实施情况　110

图 36　2022 年上海市企业质量创新管理情况　110

图 37　2022 年上海市企业质量管理信息化工具和系统应用情况　111

图 38　2022 年上海市企业质量绩效考核指标设置情况　111

表

表 1　2022 年上海市制造业质量竞争力指数测算结果　4

表 2　2022 年上海市免予办理强制性产品认证证明发证情况一览表　7

表 3　2022 年上海市产品质量监督抽查不合格检出率一览表　7

表 4　2022 年上海市各类食品安全评价性抽查情况一览表　12

表 5　2022 年上海市食品中污染物和有害因素风险监测情况　15

表 6　2022 年上海市药品质量抽检不合格率情况　18

表 7　2022 年上海市建设工程建材检测合格率一览表　22

表 8　2022 年上海市建设工程检测合格率一览表　22

表 9　2022 年上海市建设工程监督抽检各类建材合格率一览表　23

表 10　"2022 年度智能制造示范工厂揭榜单位"上海市企业入选一览表　50

表 11　2022 年度上海市企业质量管理领域数字化转型"十佳案例"名单　51

表 12　2022 年上海市各区区级质量奖获奖组织／个人一览表　53

表 13　长三角市场监管一体化发展"最佳实践案例"名单　55

表 14　2022 年长三角质量提升示范试点项目（首批）一览表　56

表 15　2022 年上海市先进质量管理方法十佳项目名单　57

表 16　2022 年上海市品牌引领示范企业认定名单　62

表 17　2022 年上海市区级质量提升政策一览表　63

表 18　2022 年上海市各区质量特色创新工作开展情况一览表　64

表 19　2022 年上海市发布的质量相关规范性文件一览表　70

表 20　2022 年上海市发布质量相关政策汇总表　71

表 21　2022 年"上海标准"项目名录　76

表 22　2018—2022 年上海市标准化推进专项资金情况表　85

表 23　2018—2022 年上海市、区两级政府质量奖励资金一览表　85

表 24　2022 年度上海市企业首席质量官创新实践案例名单　86

表 25　2022 年上汽集团所属主要企业获体系认证证书一览表　97

表 26　2022 年度上汽集团产品认证证书一览表　97

表 27　2022 年上海企业质量管理成熟度各项指标得分　105

表 28　2022 年上海市"3+6"重点产业企业质量管理成熟度得分　106

表 29　2022 年上海市产业链上、中、下游企业质量管理成熟度一级指标得分　107

案例

案例 1　联合利华贸易（上海）有限公司先于境外启动产品召回　10

案例 2　上海口岸多措并举提升贸易便利化水平　21

案例 3	上海静安置业（集团）有限公司探索构建"双四位一体+五字方针"城市更新质量管理模式　24
案例 4	上海市打造"沪惠保"精品工程　27
案例 5	上海市蝉联国际航运中心第三名　28
案例 6	上海市打造进博会住宿服务质量标杆　30
案例 7	上海市轨道交通服务质量满意度持续提升　32
案例 8	上海浦东国际机场填补国内机场空侧捷运系统标准空白　33
案例 9	上海城投（集团）有限公司推进垃圾分类管理数字化转型　39
案例 10	上海市特种设备监督检验技术研究院研发多项氢燃料汽车用储氢瓶安全性能检测技术和装备　47
案例 11	中国航发商用航空发动机有限责任公司提升国产商用航空发动机增材制造关键构件质量　49
案例 12	上海华谊控股集团有限公司推动科技赋能老字号品牌　60
案例 13	《出口集装箱运价指数编制规范》获评"上海标准"　77
案例 14	杨浦区多措并举提升质量基础设施"一站式"服务能级　83
案例 15	上海安路信息科技股份有限公司开展"28 nm 工艺 FPGA 芯片质量攻关"　92
案例 16	上海宇航系统工程研究所开展"空间站超大面积柔性太阳电池翼质量提升攻关"　100
案例 17	外高桥造船厂突破邮轮薄板变形技术难关　101

2023

第一章　质量水平

2022年，上海市总体质量水平持续保持高位。制造业产品质量竞争优势保持全国领先。工程质量保持稳定，标志性地完成旧住房成套改造民心工程，探索形成张园历史文化风貌区等城市更新质量管理新模式。服务业继续推进结构优化和转型提质。生产服务业与制造业进一步融合；生活服务业克服疫情影响，展现出韧性和张力；公共服务业质量稳步提升，市民的质量发展获得感、幸福感持续增强。

一、产品质量

（一）总体状况

1. 制造业质量竞争力指数①

据测算，2022年上海市制造业质量竞争力指数为95.17，稳居于全国首位，高出全国平均水平10个标准分以上，连续五年稳定于卓越质量竞争力阶段（见图1）。

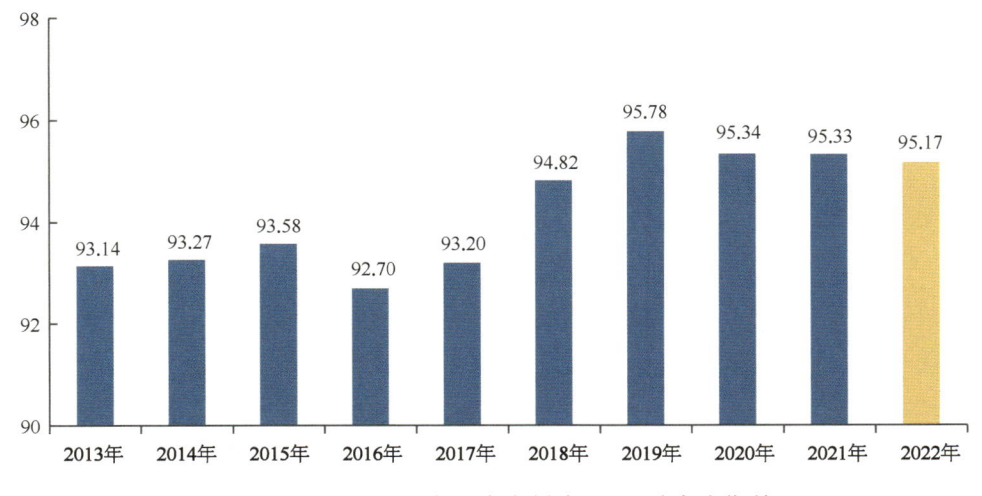

图1　2013—2022年上海市制造业质量竞争力指数

---

① 数据来源：中国航空综合技术研究所。

（1）具体指标分析

从二级指标看，质量水平维度总体得分为93.55，位居全国第2位，相比全国平均水平高出9.47个标准分；发展能力维度得分为96.78，继续以较大优势保持全国第一，较全国平均水平领先10.70个标准分。

从三级指标看，标准与技术水平、质量效益与安全水平、市场适应能力得分分别为96.25、89.02、100，均排名全国第一，分别高出全国平均水平5.64、5.75、13.53个标准分。

从观测变量看，上海每万人发明专利数与人均产品销售收入长期稳定在100，研究与试验发展经费比重、国际市场销售率连续3年保持100，成为上海制造业质量竞争力维持较高水平的有力保证；产品标准等级率连续6年位居全国第一，成为上海制造业质量竞争力的关键支撑（见表1）。

表1 2022年上海市制造业质量竞争力指数测算结果

一级指标	得分	二级指标	得分	三级指标	得分	观测变量	得分
质量竞争力指数	95.17	质量水平	93.55	标准与技术水平	96.25	产品标准等级率	96.11
						工程技术人员比重	96.43
				质量管理水平	93.70	每万人质量体系认证数	98.02
						工业成本费用利润率	90.83
				质量效益与安全水平	89.02	产品质量合格率	96.04
						出口产品质量溢价	72.64
		发展能力	96.78	研发与技改能力	90.63	研究与试验发展经费比重	100
						技术改造经费比重	73.23
				核心技术能力	98.63	每万人发明专利数	100
						新产品销售比重	97.27
				市场适应能力	100.00	人均产品销售收入	100
						国际市场销售率	100

（2）与京津冀地区比对研究

2022年，上海市制造业质量竞争力指数比京津冀地区平均水平（88.98）高出6.19个标准分（见图2）。

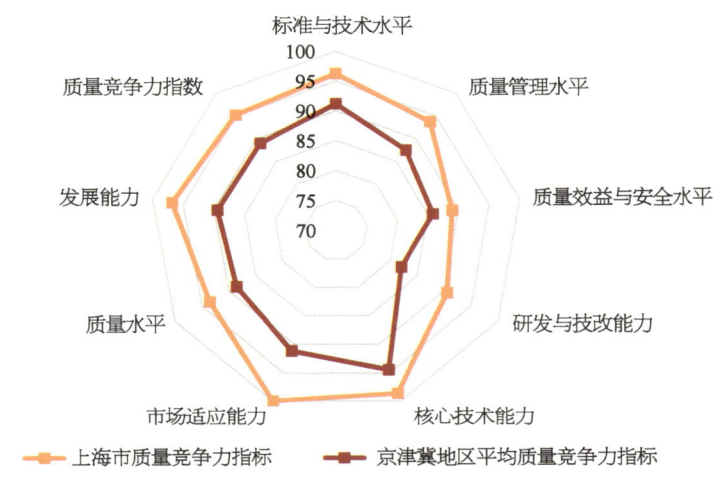

图2　2022年上海市制造业质量竞争力指数与京津冀地区平均水平对比

从各省市一、二级指标看，虽然上海市全面优于天津市与河北省，但质量水平相比北京市略有差距。在三级指标层面，上海市相比北京市呈现出"四高二低"的状况，上海市标准与技术水平、质量效益与安全水平、研发与技改能力和市场适应能力方面领先于北京市，但质量管理水平和核心技术能力两项指标相比北京市分别落后6.30和1.37个标准分。

（3）长三角地区比对研究

2022年，上海市制造业质量竞争力指数相较长三角地区平均水平领先2.54个标准分（见图3）。

从各省市一、二级指标来看，上海市各项指标均领先于江苏、浙江和安徽三省。从各省市三级指标来看，上海市的研发与技改能力得分低于安徽省，核心技术能力得分低于长三角其他三省。从观测变量看，上海市的工程技术人员比重和新产品销售收入比重均低于其他三省。

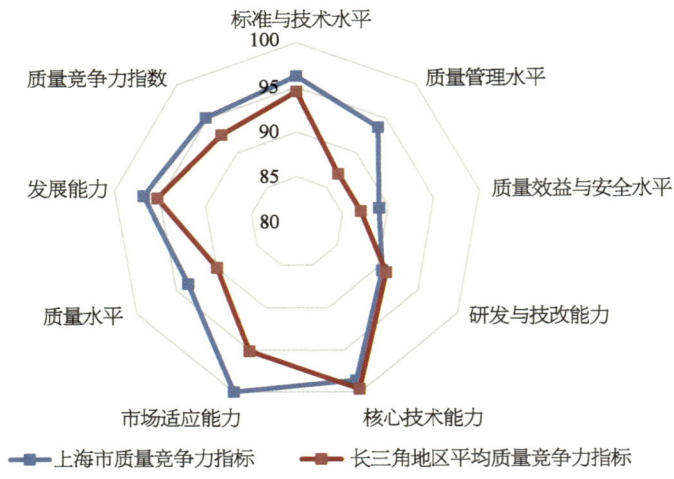

图3 2022年上海市制造业质量竞争力指数与长三角地区平均水平对比

（二）工业产品和消费品

1. 市场准入[①]

（1）工业产品生产许可证

2022年，上海市共核发工业产品生产许可证171张，均通过告知承诺核发。截至2022年底，发证目录内生产地在本市的工业产品生产许可证获证企业总数为659家，证书总数为704张。推进制度创新、实践创新，开展食品相关产品生产许可补充检验方法改革。

（2）强制性产品认证

2022年，上海市共新增强制性产品认证证书2 613张。全年本市市场监管部门共接到CCC免办事项申请17 270批次，其中发放免予办理强制性产品认证证明16 893张，占全国发证数35.9%，货值金额7.02亿元（见表2）。2022年，全市CCC免办便捷通道使用单位完成7 480批次自助发证，占全市发证总数44.3%，货值金额1.5亿元。

---

① 数据来源：上海市市场监督管理局。

表2 2022年上海市免予办理强制性产品认证证明发证情况一览表

序号	发 证 类 型	发证批次数（批）
1	为科研、测试和认证检测所需的产品和样品	4 327
2	直接为最终用户维修目的所需的零部件/产品	10 955
3	工厂生产线/成套生产线配套所需的设备/零部件（不含办公用品）	37
4	仅用于商业展示但不销售的产品	51
5	以整机全数出口为目的进口的零部件	1 523

2. 事中事后监管①

（1）产品质量监督抽查

2022年，上海市共对5 498家企业生产/销售的193种7 119批次产品开展质量监督抽查。发现不合格产品749批次，总体不合格发现率为10.5%。其中，抽查上海市企业生产的产品2 784批次，发现不合格产品244批次，不合格检出率为8.8%；抽查外省市及其他企业生产的产品4 335批次，发现不合格产品505批次，不合格检出率为11.6%。

2022年产品质量监督抽查不合格检出率排名前三位的产品类别分别为：消防和安防产品、皮制品/纺织品/服装/鞋类、家用和类似用途的电器（见表3）。

表3 2022年上海市产品质量监督抽查不合格检出率一览表

序号	产 品 分 类	抽查批次数	不合格批次数	产品质量监督抽查不合格检出率
1	消防和安防产品	328	67	20.4%
2	皮制品、纺织品、服装、鞋类	825	127	15.4%
3	家用和类似用途的电器	1 723	261	15.1%
4	日用产品	568	80	14.1%
5	儿童和学生用品	1 046	96	9.2%
6	建筑装饰装修材料	520	43	8.3%

① 数据来源：上海市市场监督管理局。

续　表

序号	产品分类	抽查批次数	不合格批次数	产品质量监督抽查不合格检出率
7	车辆及车辆配件	471	33	7.0%
8	信息技术设备	200	10	5.0%
9	工业生产资料	467	17	3.6%
10	食品相关产品	858	15	1.7%
11	危险化学品及包装容器	50	0	0.0%
12	农业生产资料	63	0	0.0%

消防和安防产品问题突出的不合格项目包括：系统与整机性能、充放电性能、充放电耐久性能、20℃喷射性能、转换电压性能、耐压性能、爆破试验、干粉灭火剂基本性能、报警动作值、标识、使用交流电热水器的电气安全性能等。

皮制品、纺织品、服装、鞋类问题突出的不合格项目包括：纤维含量、烷基酚（AP）和烷基酚聚氧乙烯醚（APEO）、耐汗渍色牢度、耐摩擦色牢度、耐皂洗色牢度、成鞋耐折性能、外底耐磨性能、耐水色牢度、耐碱汗渍色牢度、充绒量偏差、绳带安全、二氯甲烷可溶性物质、帮底剥离强度、耐折性能、pH值等。

家用和类似用途的电器问题突出的不合格项目包括：标志和说明、噪声、谐波电流、稳定性和机械危险、输入功率和电流、骚扰功率、电气间隙、爬电距离和固体绝缘、能效比、耐热和耐燃、耐热、铭牌（家用燃气灶具）、螺钉和连接、连续骚扰电压、颗粒物净化能效、颗粒物洁净空气量、结构、接地措施、甲醛净化能效、标签标识等。

日用产品问题突出的不合格项目主要为：珠宝玉石定名、贵金属纯度及标识、头盔佩戴装置强度性能、标识和包装、药量、声级、光透射比、偏振镜片和偏振太阳镜、最小厚度、本体外附件、落镖冲击等。

儿童和学生用品问题突出的不合格项目主要为：机械与物理性能、小零件、功能性锐利尖端、用于包装或玩具中的塑料袋或塑料薄膜、可触及的锐利尖端、蓄能弹射玩具、小球、特定元素的迁移最大限量要求、增塑剂、可触及的塑料件中邻苯二甲酸酯增塑剂的限量等。

（2）产品质量安全专项治理

2022 年，上海市部署开展 20 类重点工业产品质量安全隐患排查治理专项行动，深入推进成品油市场专项整治；塑料污染治理；消防产品、燃气器具、电动自行车等产品的质量专项整治，对 201 种 5 767 批次重点产品组织实施监督抽查，扎实推进产品质量安全风险监控，准确识别、及时发布磁性文具笔、火漆印章、乳盾等产品风险警示。

（3）产品质量安全风险监测

2022 年，上海市共搜集产品质量安全相关的风险信息 17.7 万余条。聚焦电商平台、专业市场等重点领域，开展食品相关产品等 248 批次产品风险实验室评估，发现存在风险的产品 111 批次，交办违法线索 6 个，均已依法依规处置。

（4）认证监管

2022 年，上海市深入开展强制性认证活动监管、自愿性认证活动监管工作，分别抽取 71 家强制性认证获证组织、10 家自愿性认证从业机构、15 家有机产品认证获证组织和 99 家管理体系认证获证组织开展现场监督检查，加强对买证卖证、虚假认证、超范围认证、遗漏认证程序等违法违规行为的查处。

（5）缺陷消费品召回

2022 年，上海市开展缺陷消费品调查 68 起，其中，实施缺陷消费品召回 46 起，较上年增加 31.4%，涉及产品 620 万余件，较上年增加 65.3%（见图 4）。

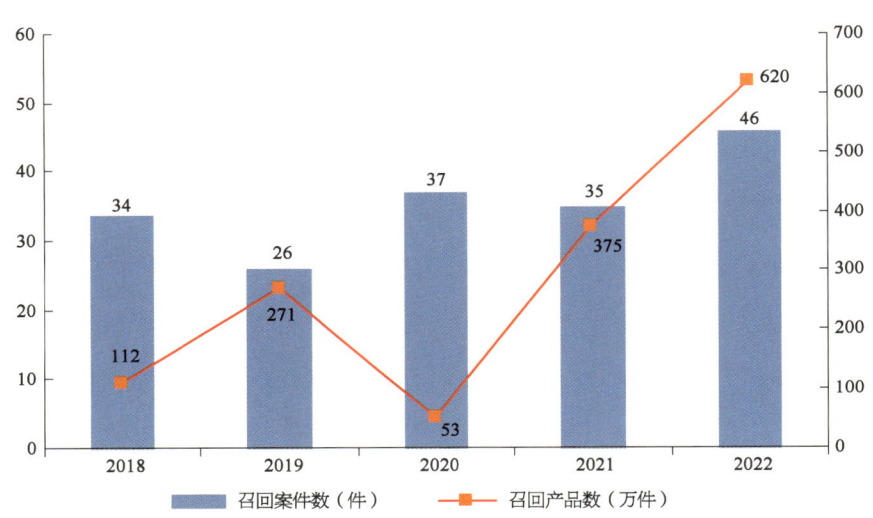

图 4　2018—2022 年上海市缺陷消费品召回案件数和产品召回件数

案例 1　联合利华贸易（上海）有限公司先于境外启动产品召回

2022年11月18日，联合利华贸易（上海）有限公司在其官方网站发布产品安全公告称，因发现其部分产品中存在潜在的微生物污染风险，提示消费者停止使用旗下的衣物护理品牌 THE LAUNDRESS 产品，并等待后续解决方案。上海市市场监督管理部门高度关注该声明内容，督促企业以消费者的安全为重，尽快启动缺陷产品召回，并做到应召尽召，以保障广大消费者的切身利益与人身安全。11月24日，联合利华贸易（上海）有限公司先于境外发布召回计划，主动召回180万余瓶洗衣液、柔顺剂、家庭清洁用品。12月3日，联合利华贸易（上海）有限公司再次发布扩大召回计划，主动召回410万余瓶洗衣液、柔顺剂、家庭清洁用品，两次共计召回数量为593万余瓶，货值金额达7.8亿元人民币。这是上海目前消费品召回涉及数量最多、货值金额最高的案例。

（6）加强儿童学生用品质量安全监管

2022年，上海市重点关注校园周边商超、玩具文创店等，严查销售"三无"儿童学生用品缺失警示标志等行为，在开学季前共检查700家次，整改问题80余处。通过风险监测站与交流平台召开10余次培训会，加强对经营者培训与质量技术帮扶，惠及相关从业人员近2 000人。开展儿童学生用品跟踪抽查对19种896批次产品抽查，不合格发现率从20.4%下降至6.8%。查办涉及玩具质量安全、3C认证等案件315件，发布海恩斯莫里斯生产不合格儿童服装等系列典型案件。

（三）食品与食用农产品

1. 市场准入[①]

截至2022年底，上海市有效的食品生产、食品经营、特殊食品、食品添加剂、食品相关产品、国境口岸卫生等许可证共计310 041张，同比减少7.8%。其中，食品生产（不含特殊食品生产、食品添加剂生产）许可证1 380张，主体业态为食品销售的食品经营许可证178 609张，主体业态为餐饮服务或单位食堂的食品经营许可证128 731张，特殊食品生产许可证40张，食品添加剂生产许可证127张，食品相关产品生产许可证546张（521户），国境口岸卫生许可证608张。

2. 事中事后监管

（1）食品安全评价性抽检

2022年，上海市共抽检31大类13 843件食品（包括食用农产品、粮食加工品、调味品等），涉及331项指标13万余项次。食品安全评价性抽检总体合格率为99.6%，继续保持高位（见图5）。

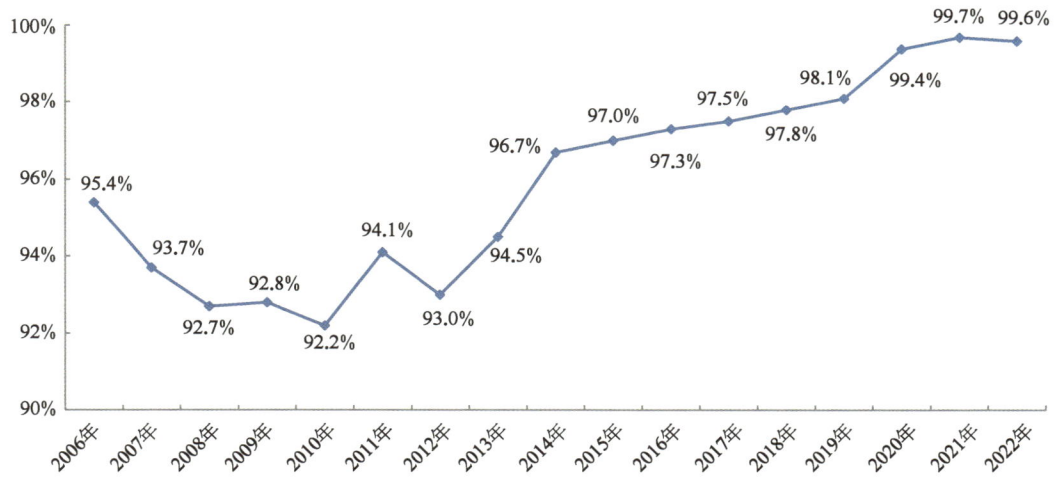

图5　2006—2022年上海市食品安全评价性抽检总体合格率

---

① 数据来源：上海市市场监督管理局。

上海市食品安全评价性抽检结果显示，抽检的 31 大类食品中，食用油、油脂及其制品、调味品等 22 大类食品合格率达到 100%。蜂产品、淀粉及淀粉制品、水产制品等 9 大类食品存在不合格情形（见表 4），不合格主要为：水产品中海水蟹和海水虾中重金属镉污染情况仍有检出，淡水和海水鱼虾中恩诺沙星等兽药残留超标情况仍有发生。蔬菜中菠菜检出重金属铬超标，豇豆和韭菜中分别检出水胺硫磷、腐霉利超标。水果中柑橘检出三唑磷超标。蜂产品中检出氯霉素超标。水产制品、肉制品中分别检出重金属铝和铬污染物超标。餐饮具检出大肠菌群不合格。膨化食品、水产制品、糕点和淀粉等检出菌落总数不符合要求。米粉制品检出脱氢乙酸及其钠盐，肉制品检出苯甲酸。

表4 2022 年上海市各类食品安全评价性抽查情况一览表

序号	食品类别	监测件数	项次数	合格率（%）	同比（%）
1	粮食加工品	1 204	8 505	99.75	0.01
2	食用油、油脂及其制品	651	6 618	100	0.00
3	调味品	713	6 184	100	0.00
4	肉制品	628	9 597	99.68	−0.05
5	乳制品	530	5 399	100	0.00
6	饮料	433	4 317	100	0.00
7	方便食品	393	3 044	100	0.00
8	饼干	184	3 287	100	0.00
9	罐头	70	510	100	0.00
10	冷冻饮品	126	1 570	100	0.00
11	速冻食品	533	2 547	100	0.26
12	薯类和膨化食品	126	1 278	99.21	−0.79
13	糖果制品	397	2 457	100	0.00
14	茶叶及相关制品	120	1 587	100	0.00

续　表

序号	食　品　类　别	监测件数	项次数	合格率*（%）	同比（%）
15	酒类	262	1 375	100	0.00
16	蔬菜制品	195	1 387	100	0.36
17	水果制品	152	1 663	100	0.00
18	炒货食品及坚果制品	227	1 588	100	0.00
19	蛋制品	91	551	100	0.00
20	可可及焙烤咖啡产品	61	122	100	0.00
21	食糖	176	307	100	0.00
22	水产制品	181	1 358	98.9	−0.69
23	淀粉及淀粉制品	135	641	98.52	0.08
24	糕点	305	5 267	99.67	0.27
25	豆制品	244	2 318	100	0.29
26	蜂产品	22	240	95.45	−4.55
27	特殊膳食食品	65	1 039	100	0.68
28	保健食品	139	2 017	100	0.00
29	婴幼儿配方食品	87	4 467	100	0.00
30	餐饮食品	713	2 022	99.16	0.11
31	食用农产品	4 680	51 984	99.21	−0.18
	总　　计	13 843	135 246	99.6	−0.1

＊注：合格率为样品合格率。

（2）食品监督性抽检

2022年，上海市共监督抽检各类食品样品137 359件，涵盖种养殖、生产、流通、餐饮、进出口等环节，合格率为98.63%，问题发现率1.37%，基本与上年持平（见图6）。

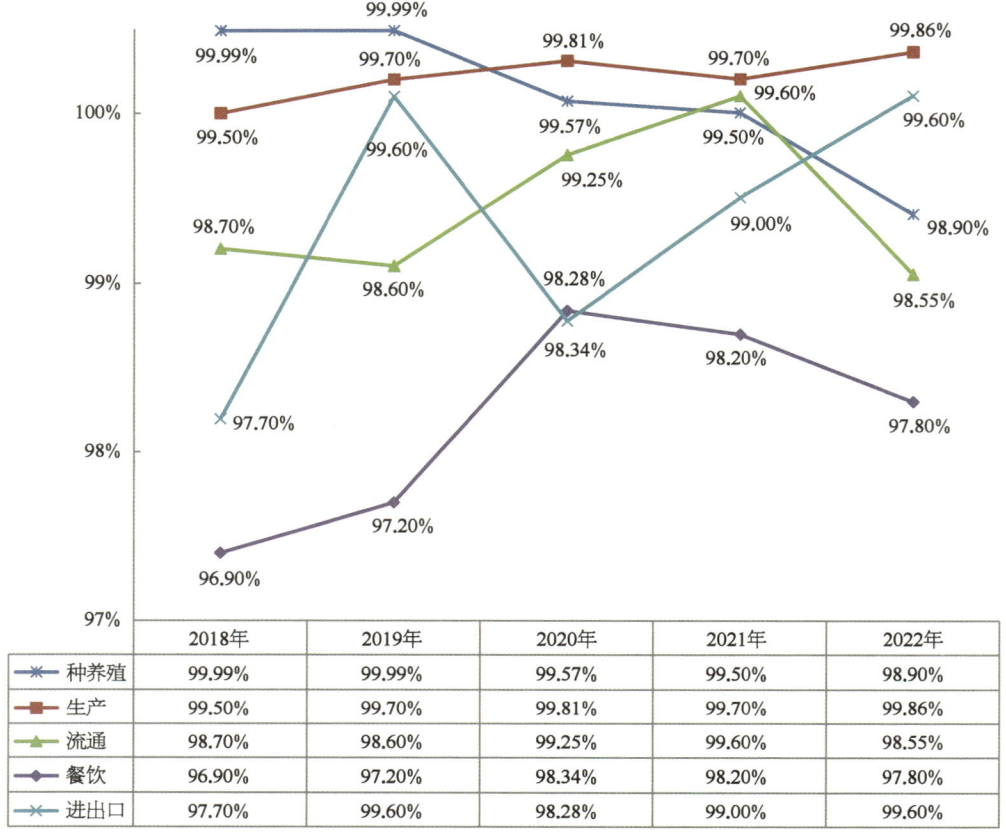

图6 2018—2022年上海市各环节食品监督抽检合格率

食品抽检结果显示，食品安全不合格的主要表现为：农药兽药残留超标，微生物污染，重金属污染，有机物污染，质量指标不符合要求，超范围、超限量使用食品添加剂，生物毒素污染，其他类别污染物等。

（3）食品污染物及有害因素监测

2022年，上海市开展食品污染物及有害因素监测，监测涵盖食用农产品种植养殖和收购、畜禽屠宰、食品生产加工、流通销售和餐饮服务等全部环节，监测点覆盖16个区的全部街镇，完成24 732件样品679 966项次监测项目。全市食品污染物及有害因素监测项次合格率为99.87%，较上年提高0.15个百分点（见表5）。

表 5　2022 年上海市食品中污染物和有害因素风险监测情况

项　目　类　别	监测项次数	合格项次数	项次合格率（%）
农兽药残留	518 683	518 582	99.98%
其他	36 465	36 390	99.79%
微生物	30 995	30 926	99.78%
非食用物质	1 075	1 072	99.72%
激素、抗生素、植物生长调节剂	43 419	43 281	99.68%
重金属	38 710	38 317	98.98%
食品添加剂	10 619	10 508	98.95%
合　计	679 966	679 076	99.87%

食品污染物及有害因素监测结果显示，粮油、果蔬、乳等大宗日常消费品的合格率均处于较高水平，蔬菜中农药残留和小麦及其制品中真菌毒素等长期存在风险点基本消灭，全市食品安全总体情况继续稳定向好。

（4）食品安全违法犯罪案件查处

2022 年，上海市开展日常巡查、监督检查和专项执法检查共计 1 021 569 户次，发现问题企业 64 812 户次并要求整改或者予以处罚；查处食品安全违法案件 29 785 起，罚没款金额 13 030.8 万元（见图 7）。本市公安部门侦破危害食品安全的犯罪案件 138 起，抓获犯罪嫌疑人 379 人；由检察机关提起诉讼 35 人；法院一审判决食品安全相关犯罪 5 人。

（5）食用农产品质量安全监管①

2022 年，上海市聚焦"三棵菜""一枚蛋""一只鸡""四条鱼"和肉牛、肉羊等 11 个重点品种，深入开展食用农产品"治违禁　控药残　促提升"三年行动和"韭菜、豆芽、梭子蟹和淡水鱼"专项行动，累计抽检各类农产品

---

①　数据来源：上海市农业农村委员会。

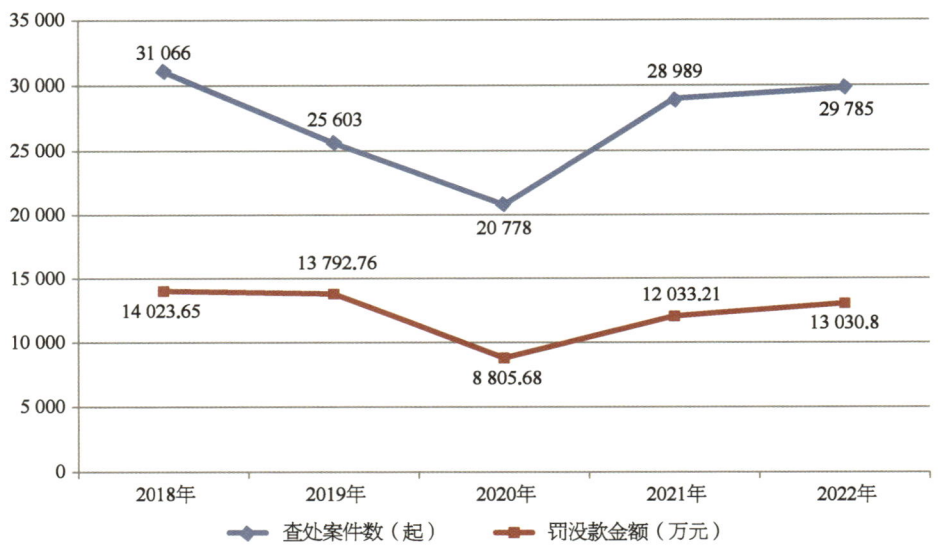

图 7　2018—2022 年上海市食品安全违法犯罪案件查处情况

28 664 批次，其中开展监督抽查 3 800 批次，发现不合格农产品 45 批次，不合格农产品发现率达到 1.2%，行政处罚案件 91 起。2022 年，上海市共完成地产农产品定量检测 28 664 批次，其中种植业产品 18 538 批次（其中地产蔬菜 13 759 批次）、畜禽产品 9 108 批次（含生鲜乳按质论价 8 089 批次）、水产品 1 017 批次，总体合格率达 99.7%，位居全国前列；累计开展农兽药残留快速检测 88.45 万批次（其中产地和屠宰环节瘦肉精监测 11 170 批次），结果均为阴性。

2022 年，上海市持续推进农产品带证上市。全市 9 个区共 3 053 个生产主体实施合格证制度，全年累计开具 124 万张，65.7 万吨农产品附带合格证上市。

3. 绿色食品认证[①]

2022 年，上海市绿色食品认证率达 30.9%，较上年提高近 4 个百分点。其中，有效期内绿色食品企业 987 家、产品 1 902 个、产量 124.83 万吨；绿色食品获证产品从产业分布上以种植业产品为主，粮油类认证率 68.88%、果品类认证

---

① 数据来源：上海市农业农村委员会。

率 63.94%、西甜瓜认证率 29.51%、蔬菜类认证率 22.29%。

4. 地理标志农产品保护①

截至 2022 年底，上海市共有地理标志农产品 16 个。依托中央专项支持，2022 年对亭林雪瓜、青浦薄稻米和白鹤草莓三个产品实施地理标志农产品保护与提质工程，重点围绕增强综合生产能力、提升产品质量和特色品质、扩大授权范围、加强品牌建设、推动信息化管理等方面，结合实际实施生产基地建设、生产设施及加工设备改造升级、种质资源保护和开发、绿色生产技术推广、生产档案电子化管理和信息化监管系统建设、管理制度完善、地标展示和产品宣传等一系列举措，打造引领乡村特色产业发展样板。

（四）药品、医疗器械和化妆品②

1. 市场准入

截至 2022 年底，上海市持有药品生产许可证的企业共有 220 家；药品经营企业 4 581 家；医疗器械生产企业 1 063 家，医疗器械经营企业 35 370 家；化妆品生产企业 225 家。

2. 事中事后监管

（1）日常监管

2022 年，上海市完成药品质量抽检 8 996 件，不合格 22 件，合格率 99.8%（见表 6）。其中，在生产环节抽检 2 081 件，不合格 3 件，合格率 99.9%；经营环节抽检 3 864 件，不合格 7 件，合格率 99.8%；使用环节抽检 3 051 件，不合格 10 件，合格率 99.7%；医院制剂抽检 350 件，不合格 2 件，合格率 99.4%。完成医疗器械质量抽检 510 件，合格率 97.0%。完成化妆品质量抽检 1 807 件，合格率 97.7%。其中，市级化妆品监督抽验 983 件，合格率 97.9%；国家化妆品监督抽验 824 件，合格率 97.6%。

---

① 数据来源：上海市农业农村委员会。
② 数据来源：上海市药品监督管理局。

表6　2022年上海市药品质量抽检不合格率情况

项　　目	抽　检　数	不合格数	不合格率（%）
总抽检数	8 996	22	0.2
使用环节	3 051	10	0.3
经营环节	3 864	7	0.2
生产环节	2 081	3	0.1
医院制剂	350	2	0.6
生物制品	327	0	0
中成药	2 018	0	0
化学药	4 052	6	0.1
中药材和饮片	1 829	16	0.9
原辅料和药包材	420	0	0

（2）专项抽验

2022年，上海市开展了妇女儿童常用药、国家集采中选药品、重点跟踪专项等3类药品的专项抽检。其中，妇女儿童常用药合格率为100%，国家集采中选药品专项抽检合格率为99.5%。对上海中标的国家集中带量采购医疗器械注册证产品进行全覆盖抽检，未发现不合格项目。

（3）行政执法

2022年，上海市共查处药品案件399件，涉及物品总值1 078.1万元；查处医疗器械案件837件，涉及物品总值2 146.7万元；查处化妆品案件599件，涉及物品总值1 288.7万元。

（五）特种设备①

1. 市场准入

截至2022年底，上海市办理使用登记的特种设备总量达732 748台（套），

---

① 数据来源：上海市市场监督管理局。

其中在用特种设备 606 128 台（套），同比增长 3.4%。在用设备中，锅炉 4 116 台、压力容器（不含气瓶）123 709 台、电梯 304 634 台、起重机械 71 304 台、场（厂）内专用机动车辆 102 107 辆、客运索道 2 条和大型游乐设施 256 台（套），另有各类气瓶约 447 万只（不含长期未流通的）和压力管道约 1.6 万千米。按不同市场主体统计，全市特种设备使用单位为 10.47 万家，特种设备作业人员和安全管理人员持证数 402 532 张（见图 8）。

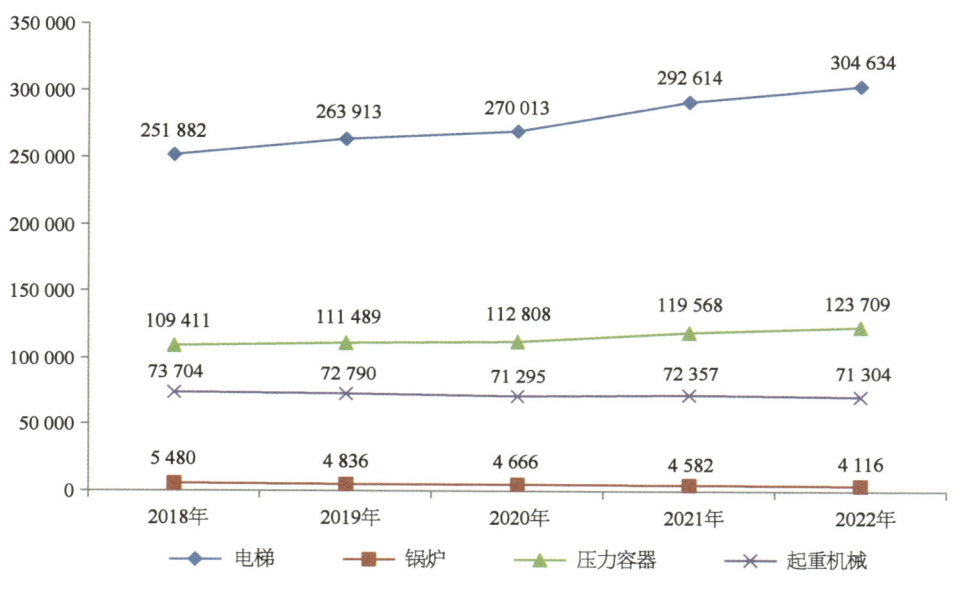

图 8　2018—2022 年上海市主要在用特种设备数量

2. **安全监管**

2022 年，上海市开展一系列特种设备安全专项检查和隐患治理，累计出动检查人员 79 621 人次，检查单位 29 521 家次，检查设备 39 644 台套，开具监察指令书 2 147 份次，发现并整改各类安全隐患及问题 20 798 项次。

2022 年，上海市共发生特种设备事故 5 起，均为一般事故，死亡 3 人，受伤 2 人，直接经济损失约 544.86 万元，事故数同比减少 4 起，死亡人数同比减少 1 人；万台特种设备死亡率为 0.05，为历年最低水平。可以看出，近五年上海市特种设备万台死亡率呈现逐年降低的趋势。全年未发生特种设备较大以上事故，安全形势状况总体平稳可控（见图 9）。

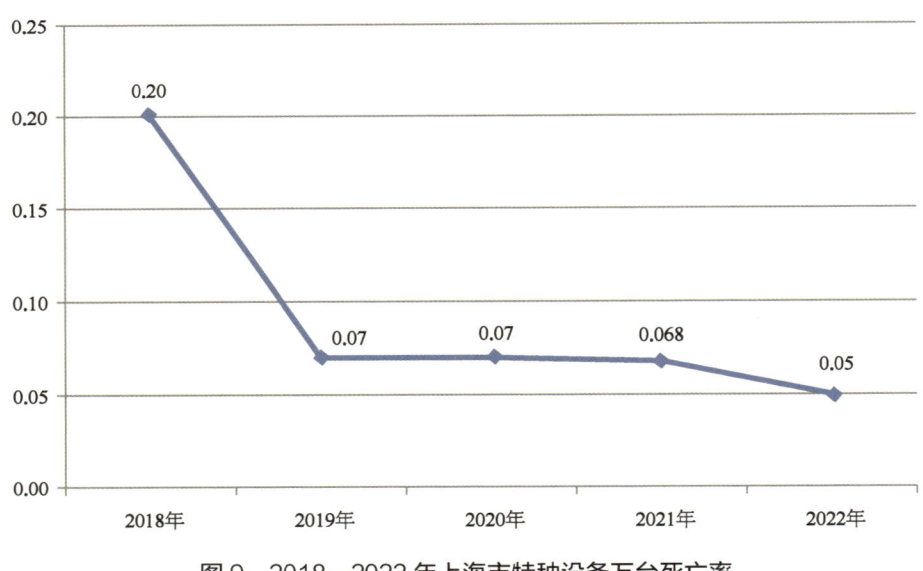

图 9　2018—2022 年上海市特种设备万台死亡率

（六）进出口商品①

2022 年，上海口岸进出口商品质量安全检验中，检出进口机动车不合格 1.2 万辆；检出进口危险化学品不合格 1.4 万批次；检出不合格进口医疗器械产品 93 批；检出进口服装不合格 197 批，其中婴童服装不合格 37 批；检出进口食品接触产品不合格 108 批；检出进口玩具不合格 39 批；检出进口牙刷不合格 23 批；检出进口家具不合格 10 批；累计对 313 批检验不合格的进口商品实施退运或销毁处置，对 117 批检验不合格的出口危险货物包装实施禁止出口处置。

2022 年，上海市累计采集风险信息 2.5 万条，开展进口文具专项风险监测，发现存在严重质量安全问题的进口文具 41 批次，并及时对社会公众实施消费提醒。

2022 年，上海口岸在进口光刻胶、纺织品、机动车、大型成套设备领域通过试点推行多项试点改革举措，促进贸易便利化。

---

① 　数据来源：上海海关。

案例2　上海口岸多措并举提升贸易便利化水平

2022年，上海口岸通过推动多项试点改革举措，缩短清关周期，形成了一系列可复制、可推广的经验。在集成电路领域，试点临时性取消进口光刻胶的取样送检以及将进口光刻胶由口岸查验调整为目的地查检，缩短了进口光刻胶在口岸的仓储时间，进一步降低了集成电路企业的成本。在纺织服装领域，试点开展"进口服装质量安全风险评价"，通过采用符合性评估和合格保证为主的合格评定程序，运用企业存量检测报告，对风险评价合格的进口服装免于取样送检，不但减少了货物取样损耗，而且缩短了3~5个工作日的通关时长。在进口机动车方面，率先在全国试点进口摩托车质量安全风险评价分级制度，根据风险高低动态调整进口摩托车的检验项目，并试点开展第三方检验结果采信，持续提升通关效率。在大型成套设备领域，通过采取项目式管理、集中式受理、在线登记等措施，有效解决进口成套设备在信息登记、检验监管等环节的难题，切实提升设备投产时效。

二、工程质量

（一）工程建设[①]

截至2022年底，上海市建设工程在建工地数6 311个，同比上升了2.0%；在建单位工程数37 616个，同比上升了8.0%；在建建筑面积2.010亿平方米，同比上升了10.0%。全市建设工程质量事故上报零起。

2022年上海市建设工程建材检测平均合格率为99.95%（见表7）。

---

① 数据来源：上海市住房和城乡建设管理委员会。

表7　2022年上海市建设工程建材检测合格率一览表

检 测 项 目		检测量（组）	不合格量（组）	合格率（%）
混凝土	抗压（商品）	1 196 894	206	99.98
	抗渗（商品）	57 269	6	99.99
钢　材	原材	236 578	95	99.96
	焊接	222 884	123	99.94
	机械连接	98 372	269	99.73
砂浆（商品）		77 215	107	99.86
墙体材料		10 184	73	99.28
防水材料		12 633	3	99.98
节能材料		18 638	40	99.79

截至2022年底，全市建设工程检测工程数据6 202 178个，合格6 200 572个，平均合格率99.97%（见表8）。

表8　2022年上海市建设工程检测合格率一览表

检 测 项 目		检测量	不合格量	合格率（%）
基桩	低应变（根）	759 443	711	99.91
	高应变（根）	1 691	5	99.70
	静载（根）	23 776	6	99.97
钢结构	焊缝（条）	5 293 402	0	100
主体结构	混凝土强度（构件）	39 624	864	97.82
	钢筋保护层（组）	59 181	8	99.99
	钢筋拉拔（组）	19 741	3	99.98
节能现场	门窗气密性（组）	1 520	1	99.93
	节能构造钻芯（组）	3 800	8	99.79

截至 2022 年底，全市建设工程监督抽检各类建材数据 4 097 组，合格 3 957 组，平均合格率 96.6%（见表 9）。

表 9　2022 年上海市建设工程监督抽检各类建材合格率一览表

检测建材类别	检测量（组）	不合格数（组）	不合格率（%）
结构材料	3 037	85	2.8
装饰装修材料	316	3	0.9
周转材料	290	40	13.8
节能材料	277	6	2.2
建筑门窗与幕墙	12	0	0
钢结构材料	67	2	3.0
市政道路	89	4	4.5
安全防护用品	9	0	0

2022 年，本市建设工程管理部门共计抽查一级及以上资质建筑施工企业 53 家次，共开具安全生产条件责令改正通知书 51 份，局部暂缓指令单 3 份，开具约谈单 13 份。组织对全市建筑行业进行 10 项专项检查，共涉及各类企业 794 家，检查过程中开具各类行政措施单共 549 份，行政处罚立案 33 起。对全市在建工程中的 33 个工地进行巡查，巡查过程中共开具行政处置建议书 40 份。共实施行政处罚结案 1 592 起；收缴罚款 3 875.787 1 万元；共对 62 家施工企业暂扣安全生产许可证；全年共签发行政处理单 8 565 份。

2022 年，上海市全面启动城市更新，印发《上海市城市更新指引》。截至 2022 年底，上海市超额完成 20 万平方米的二级旧里以下房屋改造年度目标，五年内完成 283.7 万平方米中心城区成片二级旧里以下房屋改造，累计完成 40 个城中村改造项目。①

---

① 数据来源：《上海市 2023 年政府工作报告》。

案例3 上海静安置业（集团）有限公司探索构建"双四位一体+五字方针"城市更新质量管理模式

上海静安置业（集团）有限公司探索构建"双四位一体+五字方针"的城市更新质量管理模式，双四位一体，即"建档—保护—修缮—利用"工作体系和"拆解—仓储—保养—复建"历史建筑修缮运行模式；五字方针，即"拆、洗、修、补、整"五字工作方针。在张园历史风貌区打造过程中，首创"一幢一档"建档工作，建立张园42栋、170幢历史建筑档案系统，形成的历史建筑资料库包括建筑概况、历史与现状图纸、物业与影像资料、历年修缮记录及工艺工法、保护性修缮控制建议等九大类内容。为了实现"修旧如故，以存其真"的高质量修缮效果，重现海派文化风采，修缮团队先对场地进行拍照留档，然后采用人工方式，一块一块手动凿除地砖。每凿开一块就在背面标注号码，清洗后整体打包暂存到市郊仓库。待房屋整体的结构修缮完成后，再运回现场人工铺贴。修缮团队克服楼层间的泥纸筋灰塑雕花装饰、镂空部位修复等技术难关，通过参考历史图纸，靠工匠灵巧的双手一个个手工制作、修粉，原汁原味还原张园历史风貌，体现了上海建造精益求精的匠心精神。依托电子监控、人脸识别等措施和三维BIM+三维GIS系统，建立起张园"人防+技防"看护管理模式，实现历史建筑全生命周期信息化、智能化、全息化管理。总结看护经验形成的《历史风貌区保护性征收基地保护管理指南》成为全市该领域的首个地方标准，填补了行业空白。

2022年，上海市发布《上海市公共机构资源节约和循环经济发展"十四五"规划》，提出到2025年，上海市需完成既有建筑节能改造3 000万平方米，推动超低能耗建筑示范项目不少于800万平方米，自2022年起，新建党政机关、学校、工业厂房等建筑屋顶安装光伏的面积比例不低于50%。自2013年以来，上海市已完成400万平方米的建筑节能改造，改造项目平均节能率达25%，年总节能量近2亿度电。①

（二）水利建设②

2022年，上海市在水利部质量考核工作中排名第二，连续8年获得A等级。淀东水利枢纽泵闸改扩建工程获国家优质工程奖，苏州河（真北路—蕰藻浜）堤防达标改造工程、上海崇明东滩鸟类国家级自然保护区互花米草生态控制与鸟类栖息地优化工程已申报中国水利工程优质（大禹）奖。

2022年，上海市推动水务智慧监管和智慧建造，推动淀山湖堤防达标及岸线生态修复工程探索工序实时验评，提升质量评定资料实测数据的真实性、可追溯性；对吴淞江工程（上海段）新川沙河段工程开展了风险分级管控及隐患排查双防机制的研究试点，将相关管理要求与BIM模型结合，提升数字孪生运用水平。

2022年，上海市水务部门组织开展水务综合大检查、疫情防控检查、夜间及节假日巡查、危大工程安全检查、区监水务项目检查，累计对全市水务在建工地开展检查456项次，发现各类问题3 000余条。组织开展《上海市水利工程质量验收标准》的宣贯培训，加强对上海市中小型水利工程质量验收工作的指导。

（三）交通建设③

截至2022年底，上海市在建交通工程项目125个，在建工地424个（含轨交大修42个），累计建安工作量1 440.97亿元，全年内在建工程总体质量安全形势良好，未发生重大质量安全事件。

2022年，上海市持续提升市民出行质量，推进高水平"公交都市"建设。上海轨交2号线西延伸、13号线西延伸、17号线西延伸、18号线二期、21号线、23号线、崇明线集中推进。上海轨道交通运营调度指挥大楼荣获2020—2021年

---

① 数据来源《解放日报》。
② 数据来源：上海市水务局。
③ 数据来源：上海市交通委员会。

度鲁班奖、轨交 15 号线安装工程评为 2021—2022 年度第一批中国安装工程优质奖（中国安装之星）、轨交 18 号线芳芯路站荣获优质工程（结构工程）金奖。

三、服务质量

（一）生产服务

1. 金融服务业

2022 年，上海市金融业增加值 8 626.31 亿元。截至 2022 年底，全市中外资金融机构本外币各项存款余额 192 293.06 亿元，贷款余额 103 138.91 亿元。全年金融市场交易总额达到 2 932.98 万亿元。全年保险公司原保险保费收入 2 095.01 亿元；原保险赔付支出 654.55 亿元。① 新华·国际金融中心发展指数报告（2022）显示：上海连续三年跻身全球最具影响力的前十大国际金融中心城市前三位，仅次于美国纽约和英国伦敦。②

2022 年 7 月 1 日，《上海市浦东新区绿色金融发展若干规定》正式实施。该政策提出在浦东新区率先制定国家绿色金融标准配套制度或者补充性绿色金融地方标准，统一相关绿色金融标准。

2022 年 11 月 26 日，"2022 上海国际金融中心发展论坛"发布上海绿色金融指数，上海绿色金融指数整体得分为 11.67%，体现了上海绿色金融成长强劲，前景可期。③

为满足人民群众多层次、多样化、普惠型医疗保障需求，上海市保险服务业勇于创新，积极实践，推出城市定制型商业医疗保险"沪惠保"。截至 2022 年底，"沪惠保"两期产品为 1 392 万人次提供补充医疗保障，减轻医疗费用负担近 9.4 亿元。④

---

① 数据来源：《2022 年上海市国民经济和社会发展统计公报》。
② 数据来源：新华网。
③ 数据来源：上海交通大学。
④ 数据来源：中国太平洋保险公司。

案例4　上海市打造"沪惠保"精品工程

作为上海首款城市定制型商业补充医疗保险，"沪惠保"是商业保险参与多层次医疗保障体系建设的创新实践。"沪惠保"自上线运行以来，坚持"政府指导、商业运作、惠民利民"的原则，以中国太保寿险为代表的共保体公司积极发挥业务优势，立足服务民生，启用专属服务热线电话，组建专属服务团队。截至目前，已累计解答客户咨询超50万件。"沪惠保"通过系统对接、数据交互等方式，不断提升线上理赔服务效率，平均每分钟结案1.7件，"让数据多跑路，让群众少跑腿"。2022年，"沪惠保"在2021年度医保范围外住院医疗、国内特定高额药品和质子重离子医疗三大保障基础上，实现了"两增一扩"，即"增"前沿医疗。新增CAR-T治疗药品，提升创新药物可及性，让参保人能享受到前沿先进医疗技术，且0免赔额，最高赔付金额达50万元；"增"海外特药。新增15种海外特药保障，可报销患者在指定医疗机构就诊并开具的国外上市但国内未上市且必须使用的临床急需进口药品，0免赔额，最高赔付金额达30万元；"扩"国内特药。在原有国内21种特药保障的基础上，增补更替已纳入医保目录7种特药，并扩展药品至25种，适应证由原来的17种扩充至23种，进一步满足群众急需的高额药品保障。

2. 航运服务

2022年，上海市完成港口货物吞吐量73 227.16万吨；集装箱吞吐量达4 730.30万国际标准箱；集装箱水水中转比例达53.9%。① 2022年7月11日，《新华·波罗的海国际航运中心发展指数报告（2022）》在沪发布，报告显示，

---

① 数据来源：《2022年上海市国民经济和社会发展统计公报》。

上海市以82.79的总得分排名第三,进一步缩小与新加坡、伦敦的差距。① 2022年,上海虹桥国际机场和上海浦东国际机场货邮吞吐量达到330.18万吨。②

案例5　上海市蝉联国际航运中心第三名

2014年,中国经济信息社联合波罗的海交易所推出了"新华·波罗的海国际航运中心发展指数",该指数逐渐成长为全球港航业的"风向标"和"晴雨表"。在指数持续发布的第九个年头,项目组根据行业最新趋势适当调整指标体系,最新一期指数包含3个一级指标,16个二级指标,并首次发布全球20大国际航运中心榜单,务求全面反映国际航运中心城市的综合发展水平。2022年7月11日,《新华·波罗的海国际航运中心发展指数报告(2022)》在沪发布。上海以82.79的总得分排名第三。最新结果显示,2022年国际航运中心城市排名前十依次是新加坡、伦敦、上海、香港、迪拜、鹿特丹、汉堡、纽约—新泽西、雅典—比雷埃夫斯、宁波舟山。上海得分为82.79,较前两名差距为12.09和0.25,较2021年的15.02和0.38分差继续收窄。

2022年,上海国际航运中心建设取得多项重大突破。上海港集装箱吞吐量实现"十二连冠"、中国船舶集团有限公司总部迁驻上海、全球最大型24 000TEU集装箱船顺利出坞、首届北外滩国际航运论坛举行。虹口北外滩地区目前已初步建成全球航运服务业高地,集聚了4 700多家航运企业,平均每平方公里有197家航运企业,国际中转枢纽地位持续凸显。

---

① 数据来源:新华网。
② 数据来源:《2022年全国民用运输机场生产统计公报》。

3. 人力资源服务

截至 2022 年底，上海人力资源服务机构超过 3 000 家，营业收入突破 4 000 亿元，① 营业收入年均增长率超过 30%。②

2022 年，上海市印发《关于促进本市人力资源服务业高质量发展的实施意见》，加快赋能上海新时代高水平人才高地建设。《实施意见》从进一步实行财税支持政策、进一步拓宽投融资渠道、进一步提升产业发展能级、进一步加强人才队伍保障等四个方面，共提出 23 条政策举措促进人力资源服务产业高质量发展。③

截至 2022 年底，本市人力资源服务行业共牵头起草《人力资源外包服务规范》《人力资源服务术语》2 项国家标准；《网络招聘服务规范》1 项行业标准；《人力资源派遣服务规范》《人才测评服务规范》《高级人才寻访服务质量要求和评价方法》《人力资源咨询服务规范》《人力资源外包服务规范》5 项地方标准以及《人力资源外包服务先进性质量要求》等团体标准。

2022 年，长三角区域三省一市人力资源服务行业举办"优秀人力资源服务供应商推荐"活动，推荐 12 家国际人力资源服务供应商、16 家亚太人力资源服务供应商、12 家"一带一路"人力资源服务供应商、49 家中国人力资源服务供应商。④

（二）生活服务

1. 旅游

2022 年，上海市实现旅游产业增加值 874.02 亿元。截至 2022 年底，全市共有星级宾馆 165 家，旅行社 1 885 家，A 级旅游景区 134 个，红色旅游基地 34 个，全年新增 25 家市级星级乡村民宿。⑤

2022 年，上海市发布《关于促进上海旅游行业恢复和高质量发展的若干措

---

① 数据来源：中国新闻网。
② 数据来源：上海人才服务行业协会。
③ 数据来源：上海市人力资源和社会保障局。
④ 数据来源：上海人才服务行业协会。
⑤ 数据来源：《2022 年上海市国民经济和社会发展统计公报》。

施》，推出支持旅游业"恢复发展新12条"。开展使用保险交纳质保金试点工作，将暂退旅游服务质量保证金比例提高至100%。持续完善"信息共享、分类监管、诚信宣传、区域联动"四位一体的旅游市场信用监管体系。推进旅游住宿行业数字化转型，通过编制"数字酒店"建设地方性指标、推广"数字酒店扫码入住"、搭建数字酒店管理平台等举措推动旅游服务数字赋能。推出导游服务水平提升线上培训，探索导游由传统的"讲解员"升级为"文旅达人体验官""文旅内容分享师"等全新模式，借助数字化手段提升服务质量水平。①

案例6　上海市打造进博会住宿服务质量标杆

为进一步提升进博会住宿旅游接待服务标准化、规范化、智慧化、精细化水平，市文化旅游管理部门在巩固深化前四届进博会住宿保障好经验、好做法的基础上，发动本市进博会接待宾馆酒店以"臻心服务　传递美好"为主题，推动疫情防控、在线预订、办理入住、氛围营造等四项服务举措落实落细，全力保障2022年第五届进博会圆满成功。在疫情防控方面，在进博会接待宾馆酒店设置"场所码""行程卡""来沪返沪信息填报"扫码提示卡，依托大数据，严格落实测温、"四码"必检、信息登记等常态化疫情防控措施。酒店在线预订服务方面，推进进博会接待宾馆酒店优化在线预订服务，指导携程、美团等在线旅游平台完善预订信息和功能，进一步健全7*24小时客服、投诉纠纷快速处置、入住安全提示等工作机制，全面提升在线住宿预订服务水平。办理入住便利化方面，深化数字化转型，搭建文旅数字平台，推动平台与治安系统、大数据系统、酒店管理系统数据互联互通，为进博会接待宾馆酒店生成场馆码，实现手机扫码，即可快速完成健康校验、身份核查、信息登记等环节入住

---

① 数据来源：上海市文化和旅游局。

登记手续,简化入住流程、提高入住体验。氛围营造方面,落实进博文创产品、文旅宣传品以及"上海礼物"进酒店大堂、进宾馆客房,加强进博会氛围营造和城市旅游宣传推广,让每一位宾客都能感受到进博会的火热氛围和上海都市旅游的独特魅力。

2. 城市交通①

截至2022年底,上海市轨道交通运营线路20条,长度达到831公里,轨道交通客运量22.79亿人次,运营车站508个。地面公交运营车辆达1.73万辆,公交运营线路达1589条,运营线路长度24886公里。巡游出租车2.75万辆。全年公共交通客运总量31.13亿人次,日均852.96万人次。②

2022年,上海市持续提升公共交通服务质量和便利度,完成76路凯旋路宜山路站等4处公交特色首末站试点建设,正式上线20路人文公交车型。持续开展禁车柱与分隔栏杆、人行道及无障碍设施、井盖等专项整治。上海城市级MaaS(Mobility as a Service,出行即服务)系统建设再上新台阶。③ 上海市绿色出行一体化平台"随申行"App正式上线,App内"公共交通"服务通过整合公交码、地铁码与随申码,统一出行服务入口,完成三码整合,实现"一码通行"在本市地铁、公交、轮渡等场景的全面应用,此外还进一步拓展共享单车、网约车、一键拖车等公共出行及车生活服务,实现航空、铁路、省际客运等功能的接入。

2022年,上海轨道交通服务的综合绩效水平持续提升,在行业内处于总体领先,关键指标在同行中处于领先水平。网络运营规模和拥有车辆数两项指标位居世界第一,列车可靠度从2010年的15万车公里/件,大幅提升到2022年的1000万车公里/件。开创性地先行先试全自动驾驶技术,目前拥有5条轨道交通全自动驾驶线路,累计运营里程达167公里,位居全球之首。通过信息技术与城轨交

---

① 数据来源:上海市交通委。
② 数据来源:《2022年上海市国民经济和社会发展统计公报》。
③ 数据来源:上海市国有资产监督管理委员会。

通业务的深度融合应用，为城市交通业务管理提供全新的技术手段。在全国率先推广全网一票换乘、手机刷码畅行等数字化服务。在国内同行中首家引入"LEED绿色认证"（绿色建筑评估），研究开发全球首部轨道交通绿色评价标准。① 上海轨道交通城市线网服务质量评价总体处于较好水平。②

案例7 上海市轨道交通服务质量满意度持续提升

2022年5月，"2022年度上海市城市轨道交通服务质量评价"正式发布。评价内容包括乘客满意度评价、服务保障能力评价及运营服务关键指标评价3个部分，基准分值1000分。结果显示，2022年上海轨道交通城市线网服务质量评价总体处于较好水平，运营单位上海申通地铁集团有限公司服务质量评价总体结果为953.61分，受访乘客对运营服务的满意度总体得分率94.05%，乘客对于轨道交通无障碍设施、进站效率、人性化服务、急救能力等方面评价较高。20条线路中，磁浮线、13号线、17号线位列前三。

测评结果显示，上海地铁世界级超大规模轨道交通运营网络基本形成，乘客出行获得感、幸福感有所增加。在硬件设施方面，上海轨道交通针对一批站点的进出站闸机进行改造，由三杆式闸机升级为门式闸机，并增设宽通道闸机，便利了携带大件行李、轮椅和婴童车等特殊乘客的通行，提高了进站效率。通过提高自动体外除颤器（AED）在地铁车站内的普及率、推出无障碍渡板服务、改进无障碍坡道、加装升降梯等工作，使得地铁内的急救能力得到提升、无障碍环境建设不断完善，提升了人性化服务水平。轨道交通整体出行环境取得了一定改善，从广大乘客的反馈来看，他们对候车站台、车厢环境等方面的满意比例持续上升。

---

① 数据来源：上海市国有资产监督管理委员会。
② 数据来源：上海市交通委员会。

2022年，上海市公共汽（电）车服务，服务质量满意度为88.04分，处于"满意"区间。从具体监测指标来看，市民对"公共交通—公共汽（电）车服务的疫情防控工作""新公交站点开设或延伸满足市民需求"和"与长三角毗邻地区公交客运衔接性增强"评价相对较高，且较上年均有所提升。①

2022年，上海市完成120条精品道路创建。38座道路人行天桥完成加装电梯并开通。建成505个"一键叫车"点位，覆盖全部16个区。完成100个道路交通缓拥堵项目、30个公交车站适老化改造项目和71个慢行交通项目。累计完成61个停车治理先行项目，开工建设9 845个公共泊位，完成114个错峰共享项目、60个医院停车预约项目，54个示范性智能道路停车场项目，推动40个智慧公共停车场库建设。

3. 民航旅客服务

2022年，上海浦东、虹桥两大国际机场全年共起降航班32.70万架次，实现进出港旅客2 889万人次。②

2022年，上海浦东国际机场ACI旅客满意度测评连续3年排名全球第一，获评"2022年亚太区最佳清洁机场"。航站区洗手间对标项目获评2022年中国质量创新与质量改进"示范级"成果。为持续提升民航旅客服务质量，上海浦东国际机场编制《旅客服务质量管理体系手册》《旅客服务质量风险管理办法（试行）》；牵头制定《运输机场空侧捷运系统运营服务指南》团体标准，推动城航楼服务标准建设，修订《服务质量标准手册2022版》，提出环境设施、排队效率、通程中转、行李提取、适老服务等779条服务标准。③

案例8 上海浦东国际机场填补国内机场空侧捷运系统标准空白

由上海浦东国际机场牵头制定的《运输机场空侧捷运系统运营服务指南》（T/CCAATB 0034—2022）是国内机场空侧捷运系统第一

---

① 数据来源：上海市市场监督管理局。
② 数据来源：《2022年上海市国民经济和社会发展统计公报》。
③ 数据来源：上海国际机场股份有限公司浦东国际机场。

个团体标准，填补了国内机场空侧捷运系统运营服务管理规范标准的理论空白。标准研制团体在参照城市轨道交通运营服务标准的基础上，结合民航规章要求及空防安全要求，提出适合于民用机场空侧捷运系统运营服务的技术解决方案。标准技术内容由站台服务、乘车服务、运行组织、无障碍服务及服务管理要求组成，主要对捷运站台安全设施、标志标识、候车环境、乘车环境、车载设施、爱心服务、医疗急救服务等内容进行规范，符合国内机场在不同应用场景下所需要的差异性的捷运系统运营服务，在保证专业性的同时，也兼顾内容表述部分的普适性。此外，该标准关于岗位和人员要求、应急预案、培训以及服务督察与投诉处理等方面的内容，也可支持机场空侧捷运系统的日常管理要求。

4. 商业零售

2022 年，上海市实现社会消费品零售总额 16 442.14 亿元，实现全年批发和零售业增加值 5 068.50 亿元。全年完成电子商务交易额 3.33 万亿元。[①] 全年跨境电商进出口 1 841.2 亿元，同比增长 38.6%，全市海外仓项目累计 110 个。[②]

2022 年，上海市持续激发消费活力，举办第三届"五五购物节"和首届"国际消费中心城市论坛"，开展"全球新品首发季"等 12 大 IP 活动。组织发放"爱购上海"电子消费券，促进绿色智能家电消费补贴等政策，落实扩大汽车消费若干措施；提升 7 个上海全球新品首发地示范区能级，建设 15 个地标性夜生活集聚区，发布商业空间布局规划；深化商贸流通体系建设，认定 29 家贸易型总部、113 家民营企业总部，累计分别达到 261 家和 501 家。不断完善主副食品供应体系，供沪猪肉货源拓展至全国 19 个省份 265 家。[③]

---

① 数据来源：《2022 年上海市国民经济和社会发展统计公报》。
② 数据来源：上海市商业联合会。
③ 数据来源：上海市商业联合会。

截至 2022 年底,上海市三年累计新增早餐网点 3 656 个、创建早餐示范点 326 个,基本实现中心城区早餐网点步行通达时间 10 分钟以内、郊区城镇化地区步行通达时间 12 分钟以内的目标。①

上海市消费者满意度指数调查显示,2022 年上海市消费者满意度指数为 81.69 分,消费环境指数得分为 84.85 分。从上海市消费环境各项指标来看,评分的结果显示:消费维权、公平计量、交易合规、明码标价等放心消费层面上的各项基础指标均排名靠前;停车服务、休闲服务等配套服务和体验性消费方面的指标分数相对较低,表明上海市的消费环境已经能够满足消费者的基本消费需求(见图 10)。②

注:该指标具体数值为取所有消费者对该项评分的平均值(满分 7 分)得来。

图 10　2022 年上海市消费环境各项指标评分结果

5. 其他民生服务

2022 年,上海市家政服务质量满意度为 81.82 分,处于"满意"区间。从具体监测指标来看,"家政员上门规范性"和"服务过程"的评价结果相对较高,市民

---

① 数据来源:上海市商业联合会。
② 数据来源:上海市市场监督管理局。

对《上海市家政服务条例》、上海市家政综合服务管理平台继续维持高知晓率。①2022年春节期间，上海市家政服务行业组织遴选出138家家政企业，保障春节家政服务需求春节期间家政员留沪率超65%，其中养老类家政员留沪率超80%。②

2022年，上海市快递服务质量满意度为80.97分，处于"满意"区间。从具体监测指标分析，快递的运输效率和服务质量成为关注重点，市民对寄件服务和智能快件箱评价较高。③

（三）公共服务

1. 生态环境质量④

（1）环境空气质量

2022年，上海市环境空气质量指数（AQI）优良率为87.1%，较2021年下降4.7个百分点。其中，优129天，良189天，轻度污染47天，无中度及以上污染天数。

2022年，上海市细颗粒物（$PM_{2.5}$）年均浓度为25微克/立方米，为有监测记录以来最低值；二氧化硫（SO_2）、可吸入颗粒物（PM_{10}）、二氧化氮（NO_2）年均浓度分别为6微克/立方米、39微克/立方米、27微克/立方米；臭氧（O_3）浓度为164微克/立方米，一氧化碳（CO）浓度为0.9毫克/立方米。六项指标中，仅O_3浓度反弹，未达到国家环境空气质量二级标准，其他多项污染物年均浓度创历史新低，SO_2和CO持续达到一级标准（见图11）。

（2）地表水环境质量

2022年，长江青草沙、东风西沙、陈行和黄浦江上游金泽4个在用集中式饮用水水源水质全部达到或优于Ⅲ类标准。主要河湖Ⅱ~Ⅲ类水质断面占95.6%，Ⅳ类水质断面占4.4%，无Ⅴ类和劣Ⅴ类水质断面（见图12）。

---

① 数据来源：上海市市场监督管理局。
② 数据来源：人民网。
③ 数据来源：上海市市场监督管理局。
④ 数据来源：《2022上海市生态环境状况公报》。

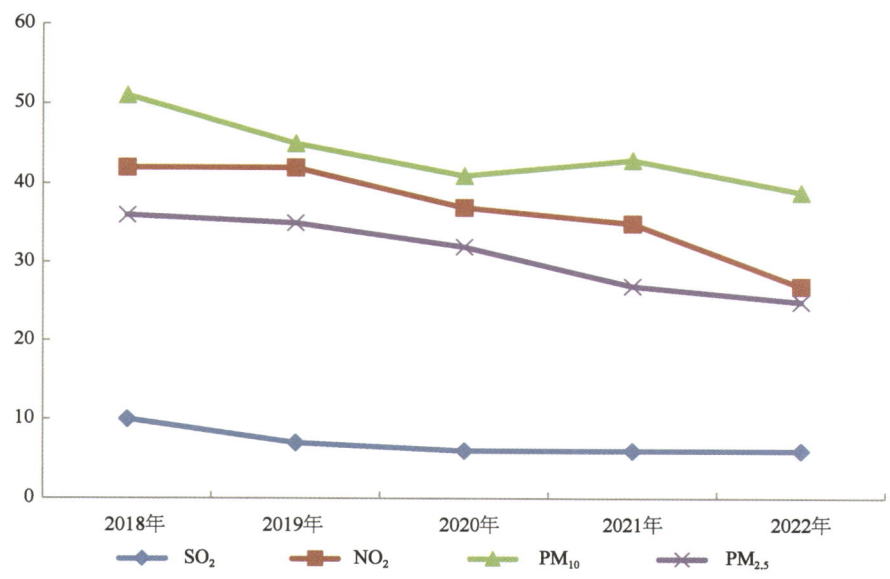

图 11　2018—2022 年上海市空气质量主要污染物年均浓度

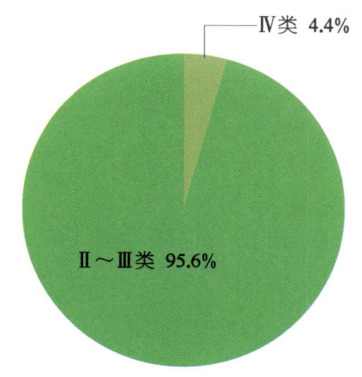

图 12　2022 年上海市地表水环境质量状况

（3）地下水环境质量

2022 年，上海市地下水水质为Ⅲ类、Ⅳ类、Ⅴ类的监测点数量分别为 5 个、24 个和 14 个，分别占 11.6%、55.8% 和 32.6%。

（4）海洋环境质量

2022 年，上海市海域海水水质稳中趋好，符合海水水质标准第一类和第二类的面积占 34.6%，较 2021 年上升 9.2 个百分点；符合第三类和第四类的面积占 21.2%，较 2021 年上升 6.8 个百分点；劣于第四类的面积占 44.2%，较 2021 年下降 16.0 个百分点。

（5）土壤环境质量

2022 年，上海市纳入国家土壤环境监测网的 84 个土壤质量基础点的达标率为 98.8%，土壤环境质量总体稳定。

（6）声环境和辐射环境质量

2022 年，上海市区域环境噪声和道路交通噪声均有所改善，辐射环境质量总体情况良好。

2. 市容绿化[①]

（1）市容市貌

2022 年，上海市新建"美丽街区"102 个，总数累计达 554 个；优化公共空间休憩座椅 5 400 处。推动"一河两高架"景观照明建设，提升楼宇、桥梁共 125 座，打造苏州河华政段、四行仓库等景观照明景点。全面推进户外广告招牌专项整治工作，拆除违法户外广告招牌 4 030 块；评选命名 40 条市级户外招牌特色道路（街区）。完成 58 块（条）高标准保洁区域（道路）工作。保持黄浦江、苏州河景观水域环境"水面垃圾零漂浮、水生植物零污染"。

（2）绿化林业

2022 年，上海市新建绿地 1 055.3 公顷、绿道 232 公里、立体绿化 44.6 万平方米。全年新建公园 138 座，全市城乡公园数量达到 670 座，近五年全市公园数量呈逐步增加趋势（见图 13）。全市新增森林面积 5.1 万亩，森林覆盖率达到 18.51%，完成生态公益林抚育任务 3 万亩，建成 30 个开放休闲林地。

（3）生活垃圾分类

2022 年，上海市生活垃圾分类实效趋于稳定。全市居住区（村）、单位垃圾分类达标率稳定在 95% 以上。其中，湿垃圾分出量基本稳定在干湿垃圾总量的 35% 左右。全市生活垃圾焚烧能力达到 28 000 吨/日，湿垃圾集中处置能力达到 7 000 吨/日以上，持续实现原生生活垃圾零填埋。全市生活垃圾回收利用率达到 42%，源头

---

① 数据来源：上海市绿化和市容管理局。

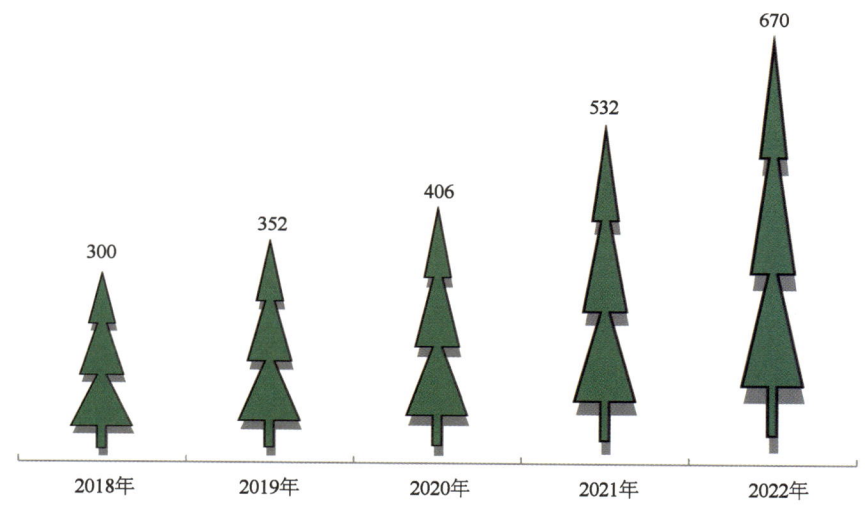

图 13 2018—2022 年上海公园数量（座）

减量率达到 3%，在全市 233 个公共场所试行可回收物精细化分类。推进装修（大件）垃圾预约收运新模式，街镇覆盖率达 61%，居住区覆盖率达 57%（见图 14）。

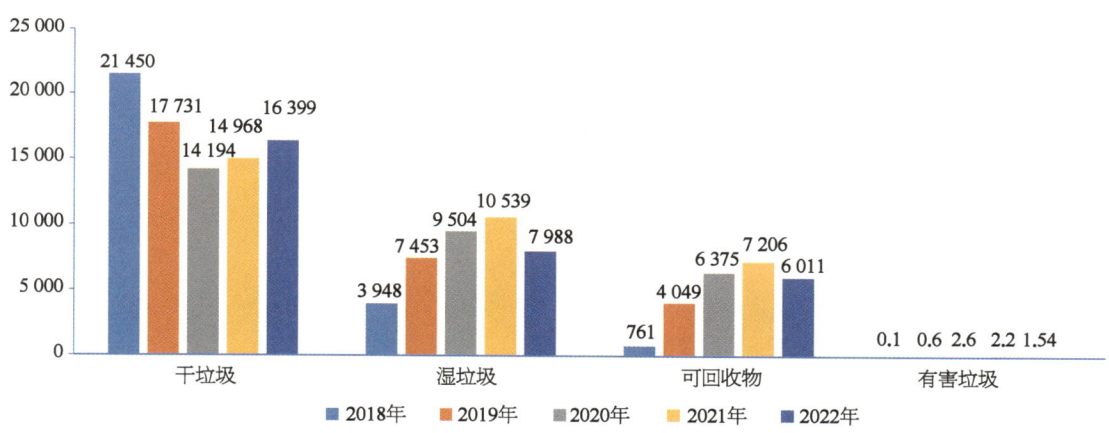

图 14 2018—2022 年上海市各类生活垃圾日平均分出量（吨/日）

> **案例 9　上海城投（集团）有限公司推进垃圾分类管理数字化转型**
>
> 承担着上海 80% 生活垃圾转运处置任务的上海城投（集团）有限公司（以下简称"上海城投"），探索垃圾分类标准化、精细化、

资源化、智能化管理的新模式，形成了生活垃圾分类处理"上海模式"。在分类中转环节，上海城投探索出一套分类作业标准，优化中转站现场操作规程、动态设立压缩泊位、建造餐厨专用集装箱，增加分类标识，确保干、湿垃圾不混装，通过硬件改造与软件升级，从收集、压缩、中转及水上转运等各环节实行全密闭管理，实现了"异味不外流、液体不渗漏"。作为上海最大的生活垃圾末端处置托底单位，上海城投生活垃圾焚烧能力达 18 500 余吨/日，占上海全市生活垃圾总焚烧能力的 60% 以上。焚烧系统均采用国际先进的炉排炉，烟气排放指标均达到或超过上海市地标和欧盟标准。积极探索"两网融合"模式，建设再生资源回收利用"点—站—场"运营体系。截至目前，"玻、衣、塑、纸、金"全品类回收量累计达到 35.1 万余吨。根据生活垃圾分类管控需求，上海城投构建了以"上海市生活垃圾全程分类信息平台"和"绿色老港生态数字平台"为支柱的"数字环境"管控信息化体系，实现了 16 个行政区生活垃圾分类、清运和处置数据可实时收集、生活垃圾全程可追踪溯源；中端物流脉络清晰，实现 2 300 个、4 种类型垃圾集装箱箱号、箱型、箱源识别，配合末端处置需求智能调度、精准配送；末端处置，实现老港基地智慧运营，固废处置运营可视化、透明化，建立实时数据获取、分析、应用闭环，促进基地内生产设备、设施协调优化和资源、能源循环利用。

3. 医疗卫生[①]

2022 年，全市户籍人口平均期望寿命达到 83.18 岁。其中，男性 80.84 岁，女性 85.66 岁。上海地区婴儿死亡率 2.26‰，上海地区孕产妇死亡率 3.42/10

---

① 数据来源：《2022 年上海市国民经济和社会发展统计公报》。

万。全市危重孕产妇、危重新生儿抢救成功率分别为99.1%和93.0%。

截至2022年底,上海市共有卫生机构6 421所,卫生技术人员24.62万人,2022年全年上海市医疗机构共完成诊疗2.32亿人次。

2022年,上海市印发《关于推进本市家庭医生签约服务高质量发展的实施意见》,持续推进家庭医生"1+1+1"组合签约覆盖,继续落实重点人群应签尽签,完善市级互联网+家庭医生签约服务信息平台功能。截至2022年底,上海市家庭医生签约居民累计超过921万人,签约率超过37%;其中,重点人群签约达78%,65岁及以上老年人签约覆盖近90%。为了提升家庭医生服务质量,上海市结合本市社区健康管理中心建设试点方案,研制签约居民基本健康评估服务包,印发《上海市家庭医生签约服务质控标准(2022版)》。依托市家庭医生签约服务质控中心,建立市级家庭医生签约服务质控管理信息系统,开展分层分类签约服务质控,提高签约服务质量。①

4. 老年照护②

截至2022年底,全市共有养老机构729家,床位数共计16.36万张;长者照护之家共计217家,床位数共计6 535张;社区老年人日间照护机构共计825家,日均服务人数1.54万人;老年助餐服务场所共计1 608个,日均服务10.1万人次;社区养老服务组织共计288家,服务对象中获得政府养老服务补贴的老年人数为7.4万人;社区综合为老服务中心共计428家。全市60岁及以上老年人接受护理服务人数共计35.55万人,占老年人口的6.4%。③

2022年,上海市对510家养老机构开展养老机构服务质量日常监测。根据测评结果,全市养老机构总体服务质量"良好",平均得分83.2分,获评"优秀"和"良好"的养老机构占比超过80%(见图15)。

---

① 数据来源:上海市卫生健康委员会。
② 数据来源:上海市民政局。
③ 长期护理保险试点情况数据来源:《2022年上海市老年人口和老龄事业监测统计信息》。

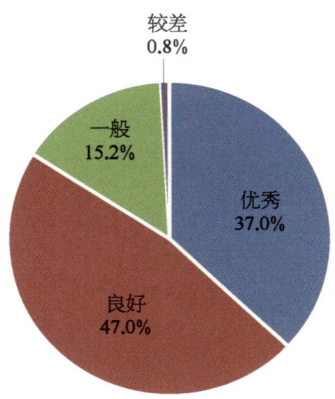

图 15　2022 年上海市养老机构服务质量日常监测结果

从近五年全市养老机构服务质量日常监测平均得分可以看出，全市养老机构服务质量在稳步提升（见图 16）。

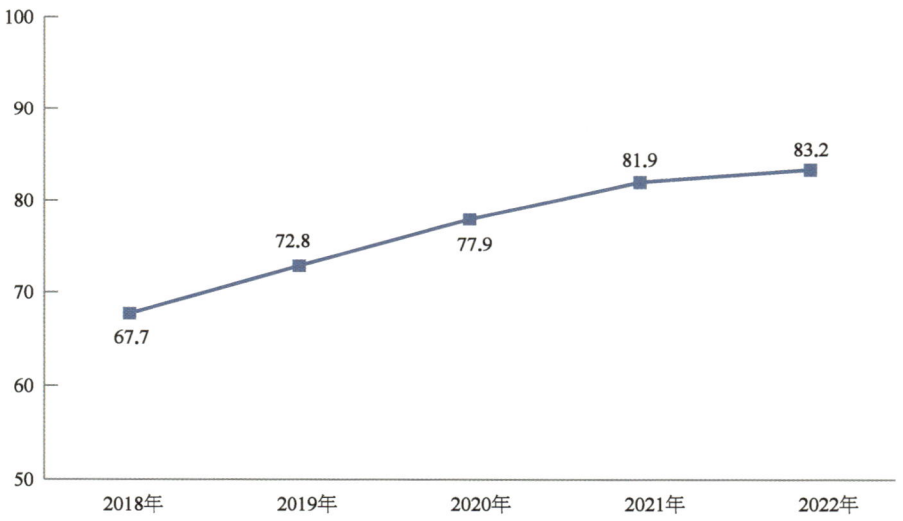

图 16　2018—2022 年全市养老机构服务质量日常监测平均得分

2023

第二章　质量发展

2022年，上海市以效率变革、动力变革促进质量变革。质量科研再创佳绩，长三角区域质量提升一体化发展成果丰硕；质量强区工作机制持续完善。

一、创新驱动

（一）科技创新

1. 科创中心建设

《全球科技创新中心评估报告2022》显示，全球科创中心综合排名前10的城市中，五年来上海进步最快，上升了9位，位列全球第8。[①]

《中国区域科技创新评价报告2022》显示，上海地区综合科技进步水平指数继续排名全国第一，连续五年位居榜首。《2022年全球创新指数报告》公布的全球最佳科技集群排名中，上海与苏州首次合并为一个集群，排名第6位（2021年，上海单独作为集群排名第8位），上海连续三年跻身前十。《2022亚太知识竞争力指数》显示，在53个评价地区的知识竞争力指数中上海由上年的第4位跃居至第2位，连续七年稳居前五。[②]

2. 高新技术

2022年，上海市的专利授权量为17.83万件，其中发明专利3.68万件，增长12.0%，每万人口高价值发明专利拥有量达40.9件，较上年增加6.7件。全年共认定高新技术成果转化项目751项。其中，电子信息、生物医药、新材料、先进制造与自动化等重点领域项目占84.3%[③]。截至2022年底，累计认定高新技术成果转化项目15 092项。

---

① 数据来源：上海市经济信息中心。
② 数据来源：《2022上海科技进步报告》。
③ 数据来源：《2022年上海市国民经济和社会发展统计公报》。

2022年，上海市科技小巨人和科技小巨人培育企业累计超过2 600家，技术先进型服务企业全年新认定186家（有效期内211家），全年共认定高新技术企业9 956家，高新技术企业总数超过2.2万家，同比增长10.0%（见图17）①。上海光源二期基本建成，硬X射线自由电子激光装置等一批国家重大科技基础设施加快建设，高水平创新成果竞相涌现。

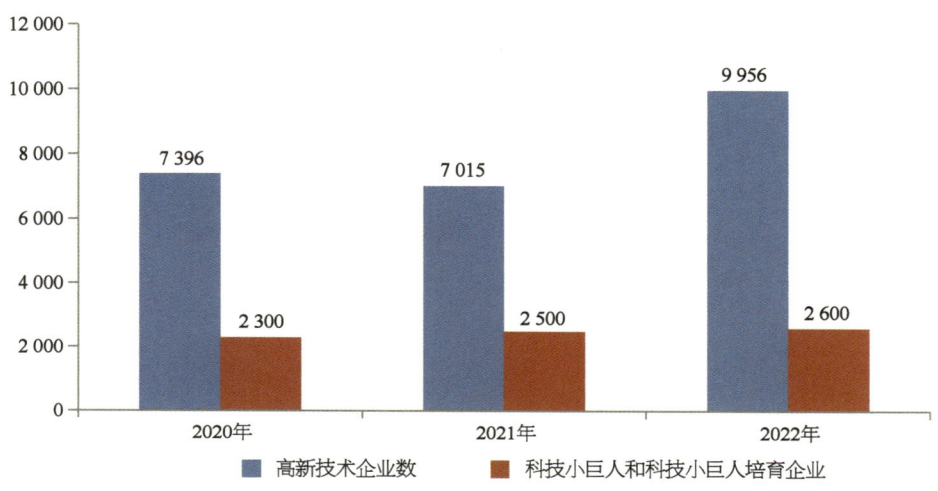

图17　2020—2022年上海市高新技术企业数、科技小巨人和科技小巨人培育企业数

3. 质量科研②

2022年，上海质量相关科研成果获得3项上海市科技进步二等奖、3项国家市场监管总局"市场监管科研成果奖"三等奖。科技部重点研发计划NQI专项"悬臂式光波导生物纳米几何计量与智能检测技术研究"顺利启动，"基于光学探针干涉的三维微接触测量机理及技术研究"成功获得2022年度国家自然科学基金青年科学基金项目资助。"标准数字化转型发展趋势与应用方向研究"等5个项目获得上海市科技创新行动计划项目立项。

2022年，持续开展人类表型组学、集成电路等领域高端计量测试技术应用研究，全力建设国家时间频率中心上海实验室，成功完成卫星双向时间比对，守时

---

① 数据来源：《2022年上海市国民经济和社会发展统计公报》。
② 数据来源：上海市市场监督管理局。

系统实现向中国计量院报数，2017 年至今比对结果秒相位平均偏差在 10 纳秒以内。

> **案例 10　上海市特种设备监督检验技术研究院研发多项氢燃料汽车用储氢瓶安全性能检测技术和装备**
>
> 　　2022 年，上海市特种设备监督检验技术研究院的《先进能源汽车用储氢瓶安全性能研究与评价》获上海市科技进步二等奖。该项目从车用储氢瓶全生命周期安全性能评价的实际需求出发，围绕氢燃料汽车用储氢瓶极端工控下安全性能测试技术突破难点和关键，研发相关设计优化软件、安全性能测试和应急救援装备，完成多压力等级车用、站用储氢气瓶从材料选型、结构设计、工艺设计、安全性能验证、新产品试点到市场化应用。项目形成了系列具有自主知识产权的氢燃料汽车用储氢瓶安全性能检验检测技术与装备，授权核心发明专利 3 项，核心实用新型专利 16 项，软著 5 项，形成国家标准、行业标准、上海市地方标准、团体标准共计 6 项，发表论文 15 篇，培养硕士和区级拔尖人才各 1 名，取得了较好的经济效益和社会效益。

　　截至 2022 年底，上海市市场监管系统建有 16 家国家质检中心，市场监管重点实验室 2 家，国家药监局重点实验室 8 个，上海市重点实验室 1 家，市场监管科技成果转化基地 1 个，建有电子化学品计量检测、数字电子产品检测、中药和保健食品品质与安全检测等 16 个上海市专业技术服务平台。

（二）质量攻关[①]

　　2022 年，上海市发布地方标准《重点产品质量攻关成果评价要求》，全年共

---

① 数据来源：上海市市场监督管理局。

有 212 个项目申报上海市重点产品质量攻关成果（见图 18）。其中，170 个项目水平达到国际先进或国内领先，占 80%。

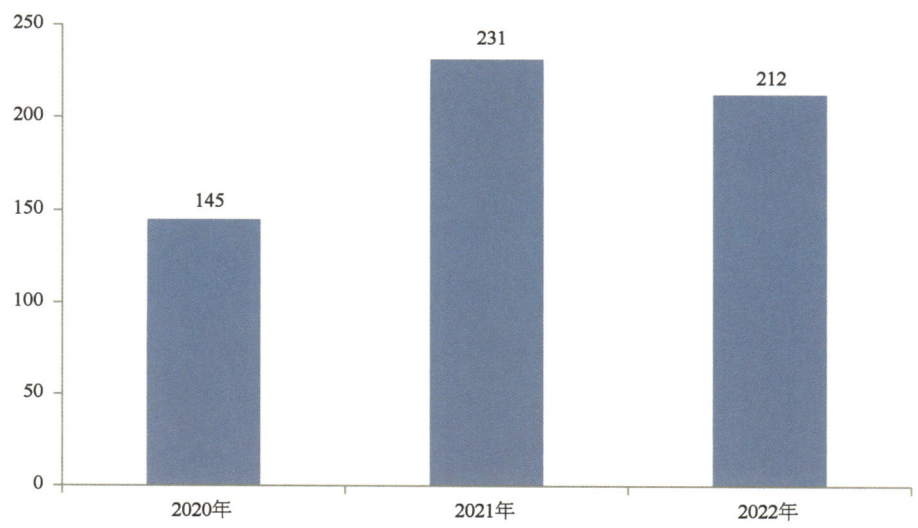

图 18   2020—2022 年上海市重点产品质量攻关成果项目申报数

188 个项目集中在"3+6"重点产业，占 89%。其中，157 个项目属于电子信息、高端装备等六大重点产业集群，占 74%；31 个项目属于集成电路、生物医药和人工智能三大先导产业，占 15%（见图 19）。

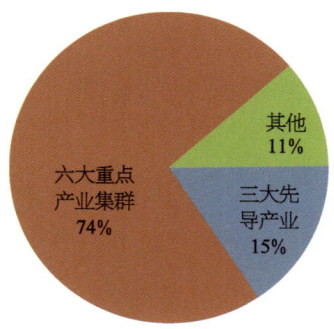

图 19   2022 年上海市重点产品质量攻关成果申报项目领域分布情况

212 个申报项目通过质量创新和改进，为企业共新增利润 54.77 亿元，节能降耗 8.46 亿元，节汇创汇 54.46 亿元（见图 20）。其中，《空间站工程高可靠音视频处理系统质量攻关》等 60 个项目被评为 2022 年上海市重点产品质量攻关成果。

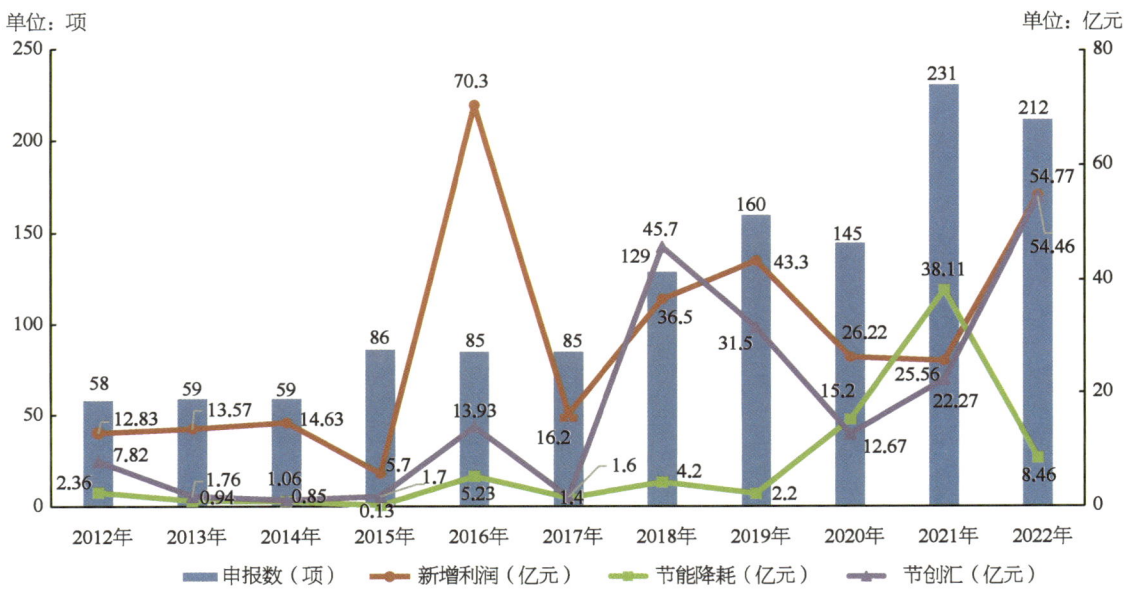

图20　2012—2022年上海市重点产品质量攻关成效

2022年上海市重点产品质量攻关成果中，93%的成果属"十四五"关键领域和重点产业。其中，涉航空航天、船舶海工、化工能源等高端装备共27个，占成果总数的45%；涉集成电路、生物医药、人工智能三大先导产业的共4个，占成果总数的7%。

案例11　中国航发商用航空发动机有限责任公司提升国产商用航空发动机增材制造关键构件质量

航空发动机关键构件朝着集成一体化方向发展，传统工艺难以制造集成度高的燃油喷嘴等复杂构件，新兴的增材制造技术已成为解决复杂构件制造难题的关键技术。中国航发商用航空发动机有限责任公司针对航空发动机SLM（选择性激光熔化）增材制造燃油喷嘴合格率低、工艺稳定性差的突出质量问题，采用技术+管理的复合手段开展质量攻关工作。通过项目质量攻关，增材制造燃油喷嘴力学性能合格率由70%提升至100%，关键尺寸合格率由26.7%提升至 98%，实现了稳定批量生产，解决了制约增材制造在高端动力装备领域应用的技术难题。燃油喷嘴作为国内首个、国际第二个装机应用并实现批量化生产的 SLM 增材制造航空关键件，已交付逾千套合格产品，产值近 2 亿元。项目获授权发明专利 15 项，编制国家标准 7 项、行业标准及团体标准 17 项，形成的流程、标准、数据等具有跨行业推广性，在航空、航天及燃气轮机等领域得到推广应用。

（三）数字化转型

1. 智能制造①

2022 年，上海市继续推进《上海市建设 100+智能工厂专项行动方案（2020—2022 年）》。3 家企业获评 2022 年度智能制造示范工厂（见表 10），12 个场景获评 2022 年度智能制造优秀场景②。上海市以智能工厂建设为重要载体，聚焦汽车、电子信息、高端装备、生物医药、先进材料、时尚消费品等 6 大重点产业，推动智能制造与先进制造业深度融合，促进企业生产、管理等环节质量的不断提升。目前已累计建成国家级标杆性智能工厂 3 家、示范性智能工厂 8 家、智能制造优秀场景 49 个，累计培育市级标杆性智能工厂 10 家、示范性智能工厂 100 家。

表 10　"2022 年度智能制造示范工厂揭榜单位"上海市企业入选一览表

序号	企 业 名 称	智能工厂名称
1	宝武碳业科技股份有限公司	碳基新材料智能制造示范工厂
2	上海新动力汽车科技股份有限公司	高性能柴油发动机智能制造示范工厂
3	上海航天精密机械研究所	航天产品智能制造示范工厂

---

① 数据来源：上海市经济和信息化委员会。
② 根据工业和信息化部、国家发展和改革委员会、财政部、国家市场监督管理总局发布的《2022 年度智能制造示范工厂揭榜单位名单》和《2022 年度智能制造优秀场景名单》，全国共评出 99 家智能制造示范工厂、389 个智能制造优秀场景。

2. 质量领域数字化转型典型案例①

2022 年，上海市质量工作领导小组办公室发布上海市企业质量管理领域数字化转型"十佳案例"，"火箭焊接检测云平台数字化质量管理"等 10 个项目获评"十佳案例"；"高端装备'星云智汇'工业互联网质量管理平台"等 20 个项目获评"优秀案例"。通过产业发展、生活保障及城市治理等方面数字化转型，实现质量管理从"单点管理"转变为"全链推进"，从"被动应付"转变为"主动引领"，从"问题处理"转变为"源头治理"（见表 11）。

表 11　2022 年度上海市企业质量管理领域数字化转型"十佳案例"名单

序号	案　例　名　称	企　业　名　称
1	火箭焊接检测云平台数字化质量管理	上海航天精密机械研究所
2	全生命周期数字化质量闭环管理平台	上汽通用汽车有限公司
3	上海地铁通信信号数字化运维质量管理系统	上海地铁维护保障有限公司通号分公司
4	乳品全场景、全产业质量智能管控系统	光明乳业股份有限公司
5	核电设备制造质量管理全业务数字化转型	上海电气核电集团
6	集团型企业设计全过程数字化质量管理	华东建筑集团股份有限公司
7	基于区块链技术的多级供应商质量穿透溯源数字化管理系统	中微半导体设备（上海）股份有限公司
8	彩色滤光片智能工厂数字化质量管理体系	上海仪电显示材料有限公司
9	港口机械大车行走制造全过程质量管理平台	上海振华港机重工有限公司
10	时尚消费品产业链数字化质量控制体系	上海识装信息科技有限公司

3. 城市数字化转型标准化建设②

2022 年，上海市发布《上海市城市数字化转型标准化建设实施方案》。

---

① 数据来源：上海市市场监督管理局。
② 数据来源：上海市经济和信息化委员会。

《实施方案》明确了"构建全覆盖的城市数字化转型标准体系""构建政府与市场并重的标准供给机制""构建适应新发展阶段的标准化工作格局"三大发展目标。提出到2023年，上海新增发布100项以上城市数字化转型地方标准及团体标准，主导或参与制定50项以上国际标准和国家标准，形成15项以上"上海标准"，推动50项以上城市数字化转型标准化试点，形成国际标准、国家标准、地方标准、团体标准的梯次化标准布局，打造具备广泛影响力和高效竞争力的城市数字化转型标准体系。《实施方案》提出了构建6个层次城市数字化转型标准体系，提出在基础标准领域，研制通用基础、数据基座、支撑能力、数字安全、数字信任等标准；经济数字化转型标准领域，推进科技、金融、商贸、航运、制造、农业等领域标准研制与推广应用；生活数字化转型标准领域，率先在健康、教育、居住、出行、文旅、为老、无障碍等生活领域开展关键性的标准研制和应用；治理数字化转型标准领域，聚焦于营商环境、综合监管、自然资源、生态环境、水系统治理、公共安全的标准研制和应用，通过战略引领、多方协同、示范先行等手段，加快构建适应新发展阶段的标准化工作格局。

二、质量提升

（一）质量激励[①]

上海市推进实施市区两级政府质量奖励制度，树立一批国家级、市级、区级质量标杆，有力推动具有国际竞争力的质量高地建设。截至2022年底，上海市累计获得中国质量奖（含提名奖）36项，累计评选上海市市长质量奖35项、上海市质量金奖274项。2022年，上海市共有6个区表彰了58家区级政府质量获奖组织和18名获奖个人（见表12）。

---

① 数据来源：上海市市场监督管理局。

表12　2022年上海市各区区级质量奖获奖组织/个人一览表

序号	行政区划	获 奖 组 织	获 奖 个 人
1	浦东新区	**区长质量奖：** 卫宁健康科技集团股份有限公司 上海市浦东新区公利医院 三生国健药业（上海）股份有限公司 **质量金奖：** 上海磁浮交通发展有限公司 中国电建集团上海能源装备有限公司 上海长顺电梯电缆有限公司 上海华翔羊毛衫有限公司 上海优雅仓储有限公司 **质量创新奖：** 上海市浦东新区人民医院 科博达技术股份有限公司 上海西门子医疗器械有限公司 施洁医疗技术（上海）有限公司 延锋国际座椅系统有限公司 上海合庆火龙果科技开发有限公司 上海联明机械股份有限公司	—
2	徐汇区	**区长质量奖：** 上海商汤智能科技有限公司 上海米哈游网络科技股份有限公司 埃克森美孚（中国）投资有限公司 **区质量奖：** 申通庞巴迪（上海）轨道交通车辆维修有限公司 上海专利商标事务所有限公司 上海安必生制药技术有限公司 上海捷诺生物科技有限公司 上海龙旗科技股份有限公司	**区长质量奖：** 钱文昊（上海市徐汇区牙病防治所执行所长） 刘海滨（上海市核工程研究设计院有限公司质量管理部主任） 潘宁［迅销（中国）商贸有限公司总经理］ **区质量奖：** 陈正伟［上海仪电（集团）有限公司智慧城市研究院常务副院长］ 沈弘（上海美术设计有限公司总经理） 沈斌华（上海复医天健医疗服务产业股份有限公司医疗支持事业部总经理） 汪瑾（上海徐汇区科技幼儿园园长）

续表

序号	行政区划	获 奖 组 织	获 奖 个 人
3	普陀区	**区长质量奖：** 上海电器科学研究所（集团）有限公司 **质量金奖：** 上海上药神象健康药业有限公司 上海收钱吧互联网科技股份有限公司 上海施耐德工业控制有限公司 **质量创新奖：** 上海光明领鲜物流有限公司 上海永通生态工程股份有限公司 上海柯渡医学科技股份有限公司 上海麦坤特医药科技有限公司 钛和检测认证集团股份有限公司 上海工业控制安全创新科技有限公司	**区长质量奖：** 王彦博（上海蓝海人力资源科技股份有限公司） **质量金奖：** 商照聪（上海化工研究院有限公司） 施介林（上海福沁卧室用品制造有限公司） 何晓丹（司法鉴定科学研究院）
4	宝山区	**区长质量奖：** 上海相宜本草化妆品股份有限公司 **区长质量奖提名奖：** 上海朝晖药业有限公司 上海钢银电子商务股份有限公司 **质量创新奖：** 上海复宝投资发展有限公司 上海市宝山区大场医院 因士（上海）科技有限公司 上海纽盾科技股份有限公司 上海上药康希诺生物制药有限公司 鉴真防务技术（上海）有限公司	—
5	嘉定区	**区长质量奖：** 大陆泰密克汽车系统（上海）有限公司 **质量金奖：** 上海凯泉泵业（集团）有限公司 上海市嘉定区普通小学 上海捷氢科技股份有限公司 **质量创新奖：** 上海市嘉定区安亭镇黄渡敬老院 上海味好美食品有限公司 上海市嘉定区精神卫生中心 上海康德莱医疗器械股份有限公司	**区长质量奖：** 李江（华荣科技股份有限公司总经理） **质量金奖：** 敖锦龙（华域视觉科技（上海）有限公司副总经理） **首席质量官奖：** 施坚峰［安波福中央电气（上海）有限公司客户满意经理］

续 表

序号	行政区划	获奖组织	获奖个人
6	奉贤区	**区长质量奖金奖：** 上海莱士血液制品股份有限公司 上海申驰实业股份有限公司 **区长质量奖银奖：** 上海市奉贤区解放路小学 上海市奉贤区医疗急救中心 上海乳品四厂有限公司 **区长质量奖创新奖：** 上海双木散热器制造有限公司 **区长质量奖提名奖：** 上海福铁龙住宅工业发展有限公司 山海浦东电线电缆（集团有限公司）	**卓越个人奖：** 戚锦秀（上海伟星新型建材有限公司） **首席质量官奖：** 倪莉莉［伽蓝（集团）股份有限公司］ 徐青（上海天阳钢管有限公司） 刘绍勇（上海凯宝药业股份有限公司）

（二）长三角一体化质量合作[①]

1. 市场体系一体化建设

自2019年《长三角地区市场体系一体化建设合作备忘录》签署以来，沪苏浙皖三省一市对标长三角一体化国家战略部署要求，依托长三角市场监管联席会议，推出了一大批有力度、有针对性、有显示度的政策举措。2022年，三省一市市场监管部门共同开展了长三角市场监管一体化发展"最佳实践案例"评选活动。共评出"开展长三角质量提升示范试点"等10个"最佳实践案例"（见表13）和"开展产品质量跨区域联动监督抽查"等12个"优秀实践案例"。

表13 长三角市场监管一体化发展"最佳实践案例"名单

序号	案例名称
1	深入推进"满意消费长三角"行动
2	探索标准化赋能区域发展战略的新路子

---

① 数据来源：上海市市场监督管理局。

续 表

序 号	案 例 名 称
3	探索制定示范区统一企业登记标准
4	搭建长三角市场主体基础数据库及可视化平台
5	开展长三角质量提升示范试点
6	构建长三角计量技术规范体系
7	建设长三角区域食品安全信息追溯体系
8	以"五统一"推动认证监管同向同步同行
9	实施长三角医疗器械注册人制度试点
10	建设长三角知识产权信息公共服务平台

2. 质量提升示范试点建设

2022年，上海市持续推进长三角质量提升示范试点项目建设，持续推进首批航天材料、新能源燃料电池等5个项目深入开展，有效支撑了产业链供应链固链强链（见表14）。

表14 2022年长三角质量提升示范试点项目（首批）一览表

序号	项目名称	质 量 提 升 成 效
1	高技术服务业（检验检测认证）行业质量提升	浦东新区检验检测认证机构数量和营收均居全市第一，年均收入1 000万元以上机构数量达110家，数量全市占比达23.86%。建成1个国家商用飞机产业计量测试中心；3个国家质检中心；12个国家、省级重点实验室；40家进出口商品检验鉴定机构；成功吸引国际检测检验认证理事会（TIC）落户浦东
2	航运服务业质量提升	虹口北外滩成功吸引了一批具有国际影响力的高端航运服务企业，集聚效应凸显。成功培育出"上海标准"《出口集装箱运价指数编制规范》；共计700余家航运服务企业导入卓越绩效模式，培养200余名掌握先进质量管理方法的一线管理人员，100余家企业建立首席质量官制度

续 表

序号	项目名称	质量提升成效
3	新能源汽车（氢燃料电池汽车）行业质量提升	嘉定区推动氢燃料电池企业上海重塑能源集团股份有限公司等提质增效，2022年燃料电池系统产品合格率提升3%，达95%左右。燃料电池系统平均首次故障里程增长了11%，平均故障里程增长了40%
4	航空航天材料质量提升	G60科创走廊沿线九城市在大飞机特殊工艺材料领域"从0到1""从1到N"的突破。推进大飞机国产化进程，实现在松江、海门、广德三地共建航天轻合金材料产品"研发—制造—试验"产业链，创新建立航天云检测平台
5	机动车检测行业质量提升	青浦、嘉善、吴江三地73%的机动车检测企业建立适合自身特色的检验检测管理体系；53.8%企业实施企业首席质量官制度。形成《长三角生态绿色一体化发展示范区机动车检测机构信用评价规范》《机动车检验机构服务规范》等多项团体标准

3. 质量文化建设

2022年，上海、浙江、江苏、安徽和江西市场监管部门联合对长三角区域先进质量管理方法进行集中宣传推广。上海市评选出"数字驱动的全生命周期整车防腐先进质量管理方法"等十佳项目（见表15）。

表15　2022年上海市先进质量管理方法十佳项目名单

序号	案例名称	获奖单位
1	数字驱动的全生命周期整车防腐先进质量管理方法	上汽集团上汽大通汽车有限公司
2	1+7消费者体验改善模式	上海乳品四厂有限公司
3	药品多仓协同运营管理	上药控股有限公司
4	全生命周期质量数字管理模式	延锋彼欧汽车外饰系统有限公司
5	"三全五控两管"质量管控模式架构	正泰电气股份有限公司
6	构建实施"八大管理体系"全要素、全链条、全过程保障疫苗质量安全实践	上海上药康希诺生物制药有限公司

续表

序号	案例名称	获奖单位
7	"两化"融合赋能质量提升	上海汉钟精机股份有限公司
8	"一站式"整体解决方案 技术质量服务体系	上海明华电力科技有限公司
9	"可靠—可信—可见"质量管理方法的实践	上海空间电源研究所
10	推行"一二三四"项目全面质量管理方法	上海延华智能科技（集团）股份有限公司

2022年，上海、浙江、江苏、安徽和江西四省一市市场监管部门开展质量品牌故事演讲大赛。上海市共获质量品牌故事大赛一等奖1项，二等奖2项，三等奖4项，优胜奖10项。

2022年，上海、浙江、江苏、安徽和江西四省一市市场监管部门联合对长三角区域优秀企业文化进行集中宣传推广。上海市评选出"笃守诚信 创造卓越"等优秀质量文化十佳案例。

4. 计量一体化合作

2022年，苏浙皖沪三省一市联合出台"商品过度包装检验计量操作规范"和"燃油加油机计量检定操作规范"，促进长三角地区"检定检验流程、操作方法、判定尺度"三统一。三省一市共同举办2022年长三角产业计量技术创新挑战赛，聚焦高端装备、人工智能、电子信息等重点产业，征集56项计量测试需求和41个解决方案，赋能长三角制造业高质量发展。召开线上对接会议7场，对接需求29个，实现合作意向总额1 200万元。三省一市修订完善《"沪苏浙皖"计量技术规范制修订实施细则》，细化明确"沪苏浙皖"计量技术规范制修订全流程。批准《JJF（沪苏浙皖）4003—2021 标准有源扬声器校准规范》和《JJF（沪苏浙皖）4004—2021 超声经颅多普勒血流分析仪校准规范》2项"沪苏浙皖"计量技术规范。截至2022年底，三省一市已批准发布长三角计量技术规范6个，立项计量技术规范21个。

（三）质量共治[①]

1. "质量月"活动

2022年"质量月"期间，上海市以"推动质量变革创新、打造国际质量高地"为主题，聚焦质量宣传、质量交流、质量提升、质量监管和质量服务等五个方面，开展了一系列丰富多彩的活动。据统计，全市共开展各类活动1 000多场，参加企业1万余家，参与人数近20万人次，各类报纸、杂志发表专题文章或新闻报道近200篇，发放"质量月"活动宣传海报和资料10万余份。

2. 群众性质量活动

2022年，上海市深入开展质量管理小组、质量信得过班组、服务质量专项提升等一系列群众性质量提升活动。全年注册QC小组5 631个，QC小组成果率77.68%，为所在企业当年创造经济效益达38 816.33万元。一线职工参与质量信得过班组活动人数达4.5万人，登记注册质量信得过班组数2 860个。全年评选出用户满意服务明星成果75个；用户满意服务成果74个。

3. 质量国际交流

2022年，第五届进博会期间，上海市举办了主题为"质量：创新 治理 可持续"的国际质量创新论坛。国际质量与专业组织负责人和中外企业家通过线上线下方式，发表主题演讲。论坛开通在线中英文直播通道，通过欧洲质量组织、国际质量科学研究院、亚太质量组织等海内外专业组织的传播推广，中英文直播通道在线观摩论坛合计65 000余人次，其中收看英文通道17 000余人次。

三、品牌建设

（一）老字号振兴[②]

2022年，上海市持续优化老字号品牌发展政策体系，建立联动机制完善老字号发展环境，出台《关于促进本市老字号改革创新发展的实施意见》《关于推进

---

① 数据来源：上海市市场监督管理局、上海市质量协会。
② 数据来源：上海市商务委员会。

本市国有企业重振老字号品牌的若干措施》，设立老字号品牌建设专项资金。发布《关于开展上海老字号认定的若干规定》，实施地方标准《"上海老字号"评价规范》。老字号企业持续推进数字化转型，累计开设近400家电商平台旗舰店、专营店，80%的老字号已对接主流电商平台和本地消费平台。

举办第十六届上海中华老字号博览会，120个老字号品牌共同参与，线上观看人次超800万，点赞数超1000万。全市第一座以全面展示老字号文化为核心的公共文化空间——华山263老字号品牌馆于博览会期间正式向公众免费开放。老字号品牌馆汇聚沪上112个知名老字号品牌，打造集文化体验、技艺传承、城市会客于一体的品牌文化空间。豫园打造绿波廊、童涵春堂、上海老饭店等老字号旗舰店集聚地，南京东路步行街转型为凸显老字号文化底蕴的高品位步行街。

案例12　上海华谊控股集团有限公司推动科技赋能老字号品牌

上海华谊控股集团有限公司旗下拥有包括"回力"球鞋、"双钱"轮胎、"飞虎"油漆、"一品"颜料、"蜂花"香皂等一批知名老字号品牌。为了使老字号品牌焕发新活力，公司实施老字号品牌"一品一策方案"新三年行动计划（2022—2024年），提出了品牌印象重塑线下渠道发展、多品牌管理、品牌组织架构、产品矩阵建设等品牌发展目标和品牌运营策略与推进措施。上海制皂首个虚拟人阿拉ALA亮相，并同步首发阿拉ALA限定版专属数字藏品。回力首发可兑换购买限量球鞋权益的数字资产"回力DESIGN元年"，推出了国内首款AR数字资产"哎啊兔"。此外，回力持续聚焦冷粘运动鞋、潮流服饰的创新开发，利用数据中心优化的楦型、版式、部件等进行设计开发，形成系列产品更新迭代的开发模式，逐步建立中高档产品线，培育新一代国货潮牌。

（二）"上海品牌"认证①

上海市积极推进"上海品牌"认证工作，构建了以地方标准《"上海品牌"认证通用要求》为统领，近140项关键技术指标达到国内领先、国际先进水平的团体标准组成的"1+X"上海品牌标准体系。截至2022年底，有119家企业获得127张"上海品牌"认证证书。其中，获得"上海服务"类61张，"上海制造"类59张，"上海购物"类4张，"上海文化"类3张。

（三）品牌培育②

2022年，上海市54项专利获第二十三届中国专利奖，其中金奖4项、银奖6项。9家单位和44个项目获第四届上海市知识产权创新奖。新增国家知识产权优势、示范企业85家，新增国家级知识产权强国建设试点、示范园区3家，新增国家级版权示范单位、园区（基地）2家。新增市级专利工作试点、示范单位130家，新增知识产权强市建设试点、示范园区4家，新增市级版权示范单位、园区（基地）10家。

上海市知识产权管理部门出台《商标品牌指导站建设服务规范》地方标准，推出商标品牌评估模型，截至2022年底，上海共建设82个商标品牌指导站、10个商标品牌创新创业基地。③

上海市经济和信息化部门全力打响上海"四大品牌"，大力发展品牌经济，积极开展品牌培育管理体系贯标和企业品牌引领示范培育工作，将上海三枪（集团）有限公司等15家企业认定为2022年上海市品牌引领示范企业；上海太太乐食品有限公司等31家企业认定为2022年上海市品牌培育示范企业（见表16）。④

---

① 数据来源：上海市市场监督管理局。
② 数据来源：上海市知识产权局、上海市经济和信息化委员会、上海市发展和改革委员会。
③ 数据来源：上海市知识产权局。
④ 数据来源：上海市经济和信息化委员会。

表 16　2022 年上海市品牌引领示范企业认定名单

序　号	企　业　名　称
1	上海三枪（集团）有限公司
2	澜起科技股份有限公司
3	东方美谷企业集团股份有限公司
4	南方寝饰科技有限公司
5	上海收钱吧互联网科技股份有限公司
6	上海仙视电子科技有限公司
7	上海兆妩品牌管理有限公司
8	上海氢枫能源技术有限公司
9	上海申铁信息工程有限公司
10	上海富朗特动物保健股份有限公司
11	上海领路人科技股份有限公司
12	上海久宙化学品有限公司
13	上海睿智化学研究有限公司
14	上海城投公路投资（集团）有限公司
15	上海欣望环境卫生服务有限公司

上海市自 2020 年起成立首发经济促进联盟，开展首发经济相关指数、标准和榜单的研究和发布工作。根据依据团体标准《首发经济评价通则 第 1 部分：引领性品牌》，《2022 年度上海市首发经济引领性品牌榜单》正式发布，评选出本土品牌 88 项、创意品牌 35 项，涵盖上海"四大品牌"各个领域。[1]

（四）知识产权保护[2]

2022 年，上海市在全国知识产权保护工作检查考核中排名全国领先，连

---

[1] 数据来源：上海市商业联合会。
[2] 数据来源：上海市知识产权局。

续三年保持优秀。上海市入选国家知识产权局首批数据知识产权工作试点地方。开展2022年民生领域案件查办"铁拳"行动、奥林匹克标志、"青少年版权保护季"、"剑网2022"、"蓝天"等知识产权保护专项行动。三个案例入选国务院知识产权战略实施工作部际联席会议办公室知识产权强国建设首批典型案例。

2022年，上海市法院共受理各类知识产权案件42 150件，审结42 763件；上海市检察机关共受理涉嫌侵犯知识产权审查逮捕案件174件331人；上海市知识产权部门全年立案受理专利侵权纠纷案件2 040件，结案2 050件；上海市各级知识产权行政执法部门查处商标违法案件1 050件，结案980件，罚没款1 147万元；上海市公安机关全年侦破知识产权领域刑事案件900起，抓获犯罪嫌疑人2 500余人，案值35亿元。

四、质量强区[①]

2022年，各区政府质量提升政策体系不断完善，重点行业质量提升全面展开，区域整体质量水平不断提升，市民的质量发展获得感持续增强。

（一）质量特色创新

2022年，各区持续完善质量强区政策体系；浦东新区发布新一轮全要素质量发展扶持政策；普陀、虹口、闵行发布质量提升专项政策（见表17）。

表17　2022年上海市区级质量提升政策一览表

行政区划	质量提升政策	主　要　内　容
浦东新区	《浦东新区促进质量发展专项资金管理办法》	增加奖励项目，加大质量发展的助企纾困扶持力度，突出对质量创新的支持和质量发展环境优化，引导企业走质量效益型发展道路

---

① 数据来源：全市16个区市场监督管理局。

续 表

行政区划	质量提升政策	主　要　内　容
普陀区	《关于进一步发挥质量基础设施支撑作用促进本区民营企业高质量发展的实施方案》	以质量和标准化推动民营经济高质量发展
虹口区	《虹口区促进质量提升、强化标准引领、加强知识产权创造运用保护的实施意见》	发挥品牌、标准等质量工作保障和推动作用，鼓励高价值知识产权创造和运用，提升区域知识产权运营服务水平
闵行区	《闵行区关于推动质量提升促进高质量发展的政策意见》	围绕闵行区"4+4"产业特点，形成五大类19条扶持举措

2022年，各区不断创新探索，实施了一批具有区域特色的质量提升举措，为区域高质量发展提供助力（见表18）。

表18　2022年上海市各区质量特色创新工作开展情况一览表

行政区划	质　量　特　色　举　措
浦东新区	推进质量领域地方法规制度建设；对标高标准国际经贸规则，推动RCEP成员国合格评定结果互认合作，揭牌成立上海自贸试验区"一带一路"技术交流国际合作中心东亚分中心及韩国分部，吸引国际检验检测认证理事会（TIC理事会）落户；建设集成电路、绿色产品、双碳等领域质量基础设施"一站式"服务站
黄浦区	推进实施《黄浦区推进品牌创新发展实施意见》《黄浦区老字号振兴行动计划》等政策，研究发布黄浦区商业零售业、餐饮服务业的质量指数，推进"老字号新活力"创新创业专项行动，开展商贸领域老字号企业首席质量官培训
静安区	形成政府、企业和社会团体各方广泛参与的标准化宣传格局；围绕数据智能、人力资源行业开展重点行业质量推升工作
徐汇区	以质量提升举措助力"枫林生命健康产业园区"和"上海西岸国际人工智能中心"建设
长宁区	强化质量工作市区联动；探索质量基础设施"一站十能"服务方式，支持在线新经济高质量发展。发布《关于推进长宁区民营经济标准化工作的意见》，成立"民营经济标准化工作委员会"
普陀区	推动培育"丈量十法""苏河之冠"等一批街镇质量提升品牌，发布质量基础设施"一站式"服务相关规范标准，创设园区首席质量服务官

续 表

行政区划	质 量 特 色 举 措
虹口区	通过对餐饮服务单位开展调研、执法检查等多种形式，加强标准监督实施
杨浦区	将首席质量官任职资格培训纳入"杨浦区急需紧缺专业技术人才业务能力培训项目"
宝山区	推动质量工作纳入区政府年度工作目标管理，发布《宝山区基层政府质量提升绩效评价指南》区级标准化指导性技术文件，在机器人、生物医药、新材料领域探索"一专多全"服务模式
闵行区	持续推进"一镇一产（行）业"质量提升工作；依托高端装备制造业质量提升联盟，探索建立以团体标准为抓手的供应商管理"白名单"制度；发布区级标准40余项，探索以标准化手段赋能城市治理
嘉定区	发布《政府首席质量官评价细则》《质量基础设施"一站式"服务试点认定及评价》等区标准化指导性技术文件，推动质量基础设施"一站式"服务覆盖半数以上街镇，探索启动长三角沿线地区美好生活品质提升共同行动
金山区	创新成立质量提升服务工作室，探索质量基础设施"一站式"服务"1+2+9"模式
松江区	推进实施《松江区加强市场监管打造质量标准新高地第十四个五年规划》，强化质量和标准化工作顶层设计；推动"大体检"云平台服务3.0版升级，出台《政府质量奖培育孵化工作指南》，创新推出质量标准创新金融产品。获得全国首个地市级"诚信计量示范区"荣誉称号
青浦区	打造移动互联端的质量宣传教育平台，推动建设"青浦圆桌会议"快递物流服务质量提升品牌
奉贤区	成立"奉贤区质量和标准化工作领导小组"，发布《关于深入开展生物医药行业质量提升行动的若干措施》《奉贤区"专精特新"企业阶梯培育管理暂行办法》等政策；常态化推动质量教育进党校，质量发展课程纳入区管干部轮训班、区中青年干部培训班的履职能力建设必修课程
崇明区	聚焦支撑世界级生态岛建设，持续加强区域质量和标准化工作"台账式"管理和"对标对表"提升

（二）质量工作市民满意度[①]

2022年，上海市质量工作领导小组办公室委托第三方机构开展各区政府质量工作市民满意度调查工作。调查显示，年度政府质量工作市民满意度总体评价结

---

① 数据来源：上海市市场监督管理局。

果为 86.61，持续处于比较满意的水平，市民对于政府质量工作的满意度呈持续上升的趋势（见图 21）。

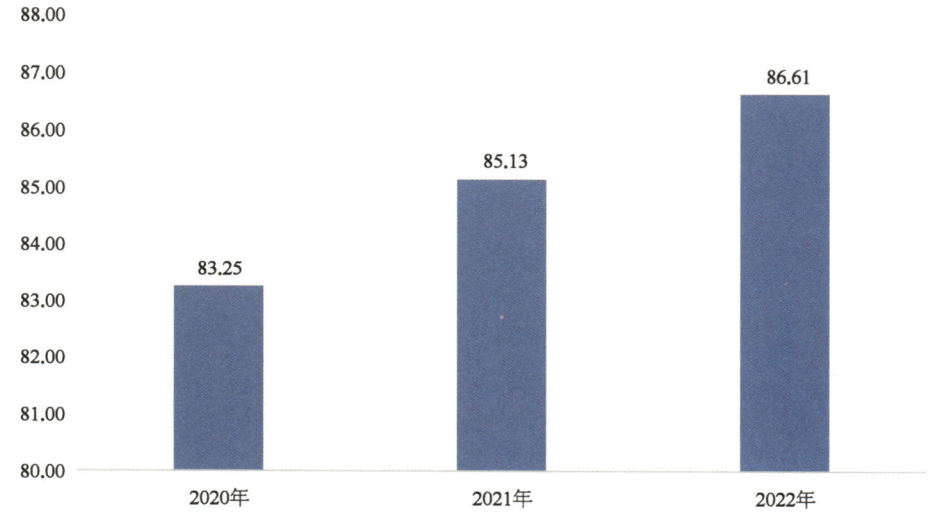

图 21 2020—2022 年政府质量工作市民满意度评价情况

本次调查从产品质量、工程质量、服务质量、人居质量、质量意识五个维度进行。16 个区年度质量工作市民满意度得分保持在 85.08~88.70 区间，均处于"比较满意"的水平（见图 22）。

图 22 2022 年上海市各区质量工作市民满意度得分

2023

第三章　质量保障

2022 年，上海市持续加大质量工作的政策、资金保障力度，不断提升标准、计量、检验检测、认证认可等质量基础设施能级，加大质量基础设施"一站式"服务力度，加大质量和标准化人才培养力度。

一、制度保障

（一）法制建设

1. 法律和行政法规①

2022 年，我国制修订了《中华人民共和国计量法实施细则》《进出口商品检验法放射性药品管理办法》《中华人民共和国农产品质量安全法》《中华人民共和国反垄断法》等多部法律和行政法规。

2. 地方性法规和政府规章②

2022 年，上海市制修订《上海市水产品质量安全监督管理办法》《上海市智能网联汽车测试与应用管理办法》《上海市农业机械安全管理规定》《上海市轨道交通运营安全管理办法》等地方性法规、政府规章，上海市质量工作法制保障得到进一步强化。

3. 规范性文件③

2022 年，上海市人民政府办公厅修订《上海市政府质量奖管理办法》，将政府质量奖的示范引领性聚焦于先进质量管理模式和成果。上海市市场监督管理部门发布了《上海市地方标准化指导性技术文件管理办法》《上海市产品质量监督抽查实施办法》《上海市工业产品生产许可管理实施办法》等 14 项质量相关规范性文件（见表 19）。

---

① 数据来源：国家市场监督管理总局。
② 数据来源：上海市人大常委会。
③ 数据来源：上海市市场监督管理局。

表19　2022年上海市发布的质量相关规范性文件一览表

序号	规范性文件名称	规范性文件文号	发布日期
1	《上海市产品质量监督抽查实施办法》	沪市监规范〔2022〕3号	2022年2月18日
2	《上海市地方标准化指导性技术文件管理办法》	沪市监规范〔2022〕4号	2022年3月15日
3	《上海市婴幼儿配方乳粉生产企业原料及标签备案管理办法》	沪市监规范〔2022〕6号	2022年5月29日
4	《上海市特殊食品生产企业食品质量安全受权人管理办法》	沪市监规范〔2022〕7号	2022年5月29日
5	《上海市食品生产加工小作坊监督管理办法》	沪市监规范〔2022〕14号	2022年7月14日
6	《上海市检验检测机构资质认定告知承诺管理办法》	沪市监规范〔2022〕17号	2022年8月25日
7	《上海市高风险食品生产经营企业目录》	沪市监规范〔2022〕18号	2022年9月21日
8	《上海市特种设备行政许可鉴定评审工作管理办法》	沪市监规范〔2022〕19号	2022年9月21日
9	《上海市餐饮外卖食品封签使用管理办法》	沪市监规范〔2022〕21号	2022年10月31日
10	《上海市食品安全事故报告和调查处置办法》	沪市监规范〔2022〕22号	2022年11月30日
11	《上海市餐饮服务食品安全监督量化分级管理办法》	沪市监规范〔2022〕23号	2022年11月30日
12	《上海市预制菜生产许可审查方案》	沪市监规范〔2022〕24号	2022年12月19日
13	《上海市工业产品生产许可管理实施办法》	沪市监规范〔2022〕25号	2022年12月23日
14	《上海市检验检测机构能力验证管理办法》	沪市监规范〔2022〕26号	2022年12月23日

（二）政策制定[①]

2022年，上海市持续优化质量提升顶层设计。围绕"3+6"新型产业体系，加强产业政策、质量政策协同（见表20）。

---

① 数据来源：上海市市场监督管理局。

表20 2022年上海市发布质量相关政策汇总表

序号	名称	文号	发文单位	发文时间	质量相关内容
1	上海市促进养老托育服务高质量发展实施方案	沪府办发〔2022〕3号	上海市人民政府办公厅	2022年1月29日	明确养老托育服务质量明显提升的发展目标，提出完善长期护理保险试点质量评价、支付标准；保障托育服务设施服务质量；建立养老托育政务服务评价机制等重点举措
2	上海市数字经济发展"十四五"规划	沪府办发〔2022〕11号	上海市人民政府办公厅	2022年6月12日	研究制定重点领域区块链行业标准和协议框架。加快推进制造业数字化转型；打造全链接工厂、全透明生产线、全数字化研发平台等制造新范式，树立行业标杆，形成地方标准
3	上海市瞄准新赛道促进绿色低碳产业发展行动方案（2022—2025年）	沪府办发〔2022〕12号	上海市人民政府办公厅	2022年6月24日	推进制订达到国内领先、国际先进水平的标准，构建上海绿色低碳标准体系；鼓励领军企业带动上下游配套中小企业共同开展标准化工作，探索组建产业链标准化联盟
4	上海市培育"元宇宙"新赛道行动方案（2022—2025年）	沪府办发〔2022〕12号	上海市人民政府办公厅	2022年6月24日	支持企业、科研机构参与国内外标准制定，聚焦数据、接口、平台、代码，完善相关标准和连接协议，实现标准的通用性和一致性
5	上海市促进智能终端产业高质量发展行动方案（2022—2025年）	沪府办发〔2022〕12号	上海市人民政府办公厅	2022年6月24日	优化行业标准生态，发挥第三方机构和行业组织力量，联合企业开展标准制定。完善法规标准，加快制定关键技术相关标准，推动长三角互证互认
6	关于促进上海域外农场高质量发展的实施意见	沪府办发〔2022〕20号	上海市人民政府办公厅	2022年10月8日	创建生猪、奶牛"国家核心育种场"，生鲜乳质量超过欧盟标准
7	上海市加快打造全球生物医药研发经济和产业化高地的若干政策措施	沪府办规〔2022〕13号	上海市人民政府办公厅	2022年10月24日	加强原始创新能力布局；优化创新药上市许可持有人制度支持政策；优化创新药上市许可持有人制度支持政策；优化医疗器械注册人制度支持政策；进一步提升创新产品审评审批速度

续 表

序号	名 称	文 号	发文单位	发文时间	质量相关内容
8	关于发展壮大市场主体的若干措施	沪市监综合〔2022〕0015号	上海市市场监督管理局	2022年1月12日	深化政府质量奖励工作；实施质量基础设施"一站式"服务试点；探索标准化资助"免申即享"；在新技术、新产业、新业态、新模式等领域创建上海市标准化创新中心和技术标准创新基地。在城市数字化转型、"3+6产业"、绿色低碳发展等领域培育"上海标准"；支持在人工智能、高端装备、先进材料、生命健康、时尚消费品、文化旅游等领域培育"上海品牌"认证产品与服务；深化"一带一路"国际认证合作
9	关于促进本市人力资源服务业高质量发展的实施意见	沪人社力〔2022〕19号	上海市发展改革委员会、上海市财政局、上海市商务委员会、上海市市场监督管理局	2022年1月24日	开展国家级服务业标准化示范试点建设，加快相关标准研制，持续完善本市人力资源服务标准体系，不断加大标准宣贯实施力度
10	关于开展上海老字号认定的若干规定	沪商规〔2022〕3号	上海市商务委、上海市经济信息化委员会、上海市文化和旅游局、上海市市场监督管理局、上海市知识产权局	2022年2月18日	制定实施品牌发展战略，注重标准引领，强化产品质量和服务质量，培育一批"上海品牌"产品和服务标杆
11	关于促进上海旅游行业恢复和高质量发展的若干措施	沪旅发办〔2022〕1号	上海市旅游发展领导小组办公室	2022年5月30日	持续打造"一江一河游览""建筑可阅读""艺术新空间""海派城市考古"等文旅品牌，大力发展红色游、新城游、工业游、古镇游、文博游等新业态

续 表

序号	名　称	文　号	发文单位	发文时间	质量相关内容
12	上海市时尚消费品产业高质量发展行动计划（2022—2025年）	沪经信都〔2022〕543号	上海市经济和信息化委员会、上海市发展和改革委员会、上海市商务委员会、上海市科学技术委员会、上海市文化和旅游局、上海市市场监督管理局	2022年9月6日	支持企业积极参加国家级、市级消费品及相关服务领域标准化试点，参与国际标准、国家标准制定与转化；积极培育时尚消费品领域"上海标准"；在精致食品、特殊个护需求产品领域加快标准研制和标准体系构建
13	上海市城市更新指引	沪规划资源规〔2022〕8号	上海市规划和自然资源局、上海市住房和城乡建设管理委员会、上海市经济和信息化委员会、上海市商务委员会	2022年11月12日	推动制定城市更新活动相适应的消防、抗震、交通、市政配套等建设标准

二、技术保障

（一）标准[①]

1. 标准制修订

（1）国际标准

截至2022年底，上海市累计牵头制修订177项ISO/IEC国际标准，其中ISO标准147项，IEC标准30项。2022年，在我国牵头制修订的231项ISO/IEC国际

---

① 数据来源：上海市市场监督管理局。

标准（包括 ISO/IEC JTC1 标准）中，上海参与了其中 49 项标准的制修订，占我国牵头制修订总数的 21.2%。其中，上海牵头制修订 ISO/IEC 国际标准 21 项，占我国牵头制修订总数的 9.1%，位列全国第四。从 2022 年上海牵头制修订的 ISO/IEC 国际标准领域分布情况看，主要集中在电子电工行业、船舶与海洋技术、肥料、建筑材料、检验检疫、冶金、中医药等领域。

（2）国家标准

2022 年，上海市共有 847 家组织主导或参与 1 015 项国家标准制修订，占当年发布国家标准总数的 44.8%。其中，主导①制订 194 项，占上海市参与总数的 19.1%，占当年发布国家标准总数的 8.6%，位列全国第二；主持②国家标准制修订 403 项，占上海市参与总数的 39.7%，占当年发布国家标准总数的 17.8%。上海主导制修订的国家标准主要集中在机械、电工、轻工、文化与生活用品等产业领域，占比均超过 10%。截至 2022 年底，上海市累计参与 13 956 项③国家标准（包括标准化指导性技术文件）制修订。其中，主导国家标准制修订 4 314 项，占参与总数的 30.9%。

（3）地方标准

2022 年，上海市发布地方标准 75 项，其中制定标准 59 项，修订标准 16 项，废止标准 58 项。截至 2022 年底，上海市现行有效的地方标准共计 1 025 项。其中，推荐性标准 925 项，占 90.2%；强制性标准 100 项，占 9.8%，现行有效的 1 025 项地方标准涉及社会管理和公共服务、节能、农业、服务业、高新技术、环保、食品安全 7 个领域。

（4）团体标准

2022 年，上海市各类社团组织自我声明公开团体标准共计 244 项，占全部标准总数的 24.0%。截至 2022 年底，共有 157 个社团组织的 1 017 项团体标准在上海市市场监管局网站上自我声明公开，包括服务标准、产品标准和管理标准。

---

① 主导是指起草单位排名第一。
② 主持是指起草单位排名前三。
③ 修订标准重复计算。

(5) 企业标准

截至 2022 年底，共有 51 188 项企业标准在上海市市场监管局网站上自我声明公开。2022 年，746 家企业共计 2 382 项企业标准在上海市市场监督管理局官方网站上进行自我声明公开。其中，产品标准 2 277 项，占比 95.6%，全文公开的 1 234 项，占比 54.2%；服务标准 105 项，占比 4.4%，全文公开的 75 项，占比 71.4%。

(6) 地方标准化指导性技术文件

截至 2022 年底，上海市共发布 201 项地方标准化指导性技术文件。2022 年发布 20 项，其中，2 个行政管理部门制定 3 项，7 个区制定 17 项。

2. 标准化示范试点

(1) 国家级标准化试点

上海市承担新立项国家级标准化试点示范项目 19 项，其中服务业领域 10 项、农业领域 6 项、社会管理和公共服务领域 3 项；共验收通过国家级标准化试点示范项目 5 项，其中农业领域 3 项、高新技术领域 2 项。截至 2022 年底，上海市共承担国家级标准化试点示范项目 216 项，其中农业领域 84 项、服务业领域 64 项、社会管理和公共服务领域 45 项、其他领域 23 项。

(2) 市级标准化试点

2022 年，新立项市级标准化试点项目 92 项，验收通过市级标准化试点项目 65 项。截至 2022 年底，上海市共组织开展市级标准化试点项目 1 400 项，其中农业领域 345 项、服务业领域 315 项、高新技术领域 267 项、社会管理和公共服务领域 231 项、节能环保领域 119 项、其他领域 123 项。

3. 标准化技术机构

(1) 国际标准化技术委员会及国内技术对口单位

截至 2022 年底，上海市承担 ISO/IEC 标准化技术委员会/分技术委员会秘书处 5 个，位列全国第三，均属于制造业领域，主要涉及造船和海洋技术、内燃机、传统中医药、架空电导体、密封胶等。截至 2022 年底，上海市承担 76 个国际标委会的国内技术对口工作，其中 ISO TC/SC 国内技术对口单位 45 个，IEC TC/SC 国内技术对口单位 31 个，占我国承担的 ISO/IEC 标准化技术委员会国内技术对口单位总量的近9%，位列全国第二。

（2）全国专业标准化技术委员会

截至2022年底，上海市承担全国TC/SC秘书处共计116个，占全国总数的8.9%，位列全国第二，其中，上海市承担全国TC秘书处39个，SC秘书处77个，主要集中在电工、机械、医药、卫生、劳动保护、船舶等领域。

（3）地方标准化技术委员会

截至2022年底，上海市各类组织承担42个地方标准化技术委员会秘书处，涵盖农业、城市管理、公共服务、高新技术、服务业、节能环保6个领域，与上海市地方标准的领域分布基本一致。

（4）新型标准化技术组织

2022年，上海市设立第二批5家新型标准化技术组织试点项目，包括3家标准化创新中心和2家技术标准创新基地，主要分布在生物医药、司法鉴定、智能家居、集成电路、传感器与物联网5个领域。截至2022年底，上海市共批准设立11家新型标准化技术组织，包括6家标准化创新中心和5家技术标准创新基地。

4. 上海标准

2022年，共有10个标准项目获评"上海标准"，涉及新能源汽车、生物医药、虚拟现实、金融服务先进制造等多个领域（见表21）。

表21 2022年"上海标准"项目名录

序号	标 准 名 称	标准类型	获 奖 单 位
1	电动汽车智能充电桩智能充电及互动响应技术要求	地方标准	上海市经济和信息化委员会
			上海电器科学研究所（集团）有限公司
2	疫苗冷链物流运作规范	地方标准	上海市卫生健康委员会
			上海市疾病预防控制中心
3	药品生产数字化质量保证技术要求	团体标准	上海医药行业协会
			上海药品审评核查中心

续表

序号	标准名称	标准类型	获奖单位
4	虚拟现实异地多人协同技术规范	团体标准	上海市物联网行业协会 上海曼恒数字技术股份有限公司
5	机器人研发与转化平台服务规范	企业标准	上海机器人产业技术研究院有限公司
6	出口集装箱运价指数编制规范	企业标准	上海航运交易所
7	钢铁价格指数编制准则	企业标准	上海钢联电子商务股份有限公司
8	遥感用 R01M—2.5 型 InGaAs 探测器详细规范	企业标准	中国科学院上海技术物理研究所
9	大型邮轮薄板建造变形控制要求	企业标准	上海外高桥造船有限公司
10	镍系低温钢菱形液货舱建造质量标准	企业标准	江南造船（集团）有限责任公司

案例 13 《出口集装箱运价指数编制规范》获评"上海标准"

上海航运交易所制定的企业标准《出口集装箱运价指数编制规范》获评 2022 年"上海标准"。该标准是我国集装箱运价指数编制理论又一创新，体现了我国航运指数编制在国际市场上的价值和地位，是指导集装箱运价指数编制的科学操作手册。自 1998 年发布 CCFI（中国出口集装箱运价指数）以来，上海航运交易所制定并不断完善《出口集装箱运价指数编制规范》。依托该规范编制发布的 CCFI、SCFI（上海出口集装箱运价指数）、SCFIS（上海出口集装箱结算运价指数）。其中，SCFIS 欧线（上海出口集装箱结算运价指数欧洲航线）成功通过 IOSCO 独立认证，该指数的公正性和可信度得到进一步认可，为航运指数期货产品上市奠定基础。《出口集装箱运价指数编制规范》对指导我国集装箱运价指数的编制工作发挥了积极作用，夯实了我国航运指数编制的实践基础，提升了我国集装箱运价指数在国际航运市场的影响力和话语权。联合国贸发会每年采用上海航运交易所的出口集装箱运价指数信息；美国联邦海事委员会称赞上海航运交易所是"世界海运大国市场监管的风向标"，运输企业和货主将出口集装箱运价指数纳入合同定价的标的，可以显著提升船货双方市场主体订立运输合同的效率，减少洽谈运输合同的人力成本，降低合同违约率。2022年，主要航运企业与SCFI等集装箱运价指数挂钩运费结算比例上升至40%。2021年，集装箱航运指数期货通过中国证监会立项，目前正在配合期货交易机构进行推进上市交易；指数订购用户遍布全球，涉及30多个国家和地区。

（二）计量[①]

1. 计量技术基础体系建设

（1）计量基标准建设和技术规范

截至2022年底，上海市建有（150—2500）兆帕压力和镜向光泽度2项国家计量基准、170项华东地区社会公用计量标准、121项上海市社会公用计量标准。《实施强制管理的计量器具目录》中，33项一级目录全市已建标31种；45项二级目录已建标41种，技术能级位居全国前列。2022年，更新改造静重式力标准机标准装置等4项华东地区社会公用计量标准和数字功率表标准装置等4项上海市社会公用计量标准。

2022年，上海市范围内组织实施医用多参数监护仪、电流互感器等11项计量比对，参比实验室共计154家次；组织全国大区间毛细管黏度计量值比对，完成华东地区扭矩扳子计量比对。

---

① 数据来源：上海市市场监督管理局。

2022年，上海市发布《JJG（沪）63—2021网联出租车计价器检定规程》等两项上海市地方计量技术规范。

（2）计量技术机构和组织

截至2022年底，上海市建有包括上海市计量测试技术研究院、9家区级法定计量检定机构以及13家授权计量检定机构、150余家计量校准机构等计量技术机构。国际法制计量组织（OIML）医疗器械技术委员会血压计分技术委员会秘书处、全国压力计量技术委员会秘书处、全国环境化学计量技术委员会秘书处、全国计量技术委员会秘书处、全国智能网联汽车专用计量测试技术委员会秘书处均设立在上海。除此以外，国家船舶舱大容积计量站、国家机动车专用检测设备计量站等6家国家专业计量站（分站）也落户上海。

2. 产业计量服务

2022年，上海市市场监督管理局成功举办第三届全国产业计量（上海）大会，邀请中国科学院院士和工程院院士发表主旨报告，推动中船动力（集团）有限公司获批筹建"国家海洋动力装备产业计量测试中心"；推动"国家商用飞机产业计量测试中心"顺利通过验收，助力C919大飞机适航取证；支持上海电气核电集团获批筹建上海市储氢装备产业计量测试中心；支持上海机动车检测认证技术研究中心有限公司获批筹建上海市氢燃料电池汽车产业计量测试中心，支撑绿色低碳转型。

3. 计量监管

（1）加强监督检查力度

2022年，上海市开展可燃气体报警仪、燃气表等生产企业全覆盖检查和相关产品质量监督抽查。共计开展96批次计量器具产品质量监督抽查，235批次能效水效标识产品监督抽查，801批次定量包装商品净含量监督抽查。结合新的国家强制性标准实施，开展过度包装监督抽查，在流通、生产领域完成抽查1 200批次。组织开展全市计量标准、法定计量技术机构、标准物质"双随机、一公开"监督检查；针对注册在本市的电商购物平台开展法定计量单位使用情况、能效水效标识展示网络监测，涵盖监测对象31 535个。

(2)深化"放管服"改革

2022年,上海市出台《关于加强计量领域"放管服"改革做好事中事后监管工作的通知》,从取消许可、告知承诺、承接下放和优化服务等角度打出创新改革"组合拳"。颁出全国首张国产计量器具型式批准"告知承诺"证书和首张由省级市场监管部门审批的进口计量器具型式批准证书。

(3)碳达峰碳中和计量体系建设

2022年,上海市推进碳达峰碳中和标准计量体系实施方案编制,探索在电力、钢铁、森林碳汇等重点领域和区域开展碳排放计量技术方法研究和碳计量实践试点,谋划构建本市双碳计量技术、管理和服务体系。

(4)诚信计量工作

截至2022年底,上海市已建成由37个诚信计量示范街镇(商圈)、700余家重点民生领域诚信计量示范单位组成的诚信计量体系,近2 700个市场主体开展诚信计量自我承诺。完成上海市首批医疗机构"计量示范"创建验收,助力"健康上海"建设,将"计量示范"工作不断向更多重点领域拓展延伸。上海诚信计量体系建设工作被评选为2022年国家商务部"全国诚信兴商典型案例"。

(5)计量宣传

2022年,上海市成功承办"世界计量日"中国纪念在线大会,全国共计10万余人收看活动。上海市计量技术测试研究院、上海交通大学获评首批"全国计量文化和科普创新基地"。上线全国首个过度包装简易判断微信小程序——"包装有度",在全市6万个终端播放"过度包装"相关公益广告。中央电视台2次专题报道上海过度包装执法和药品包装减量团体标准。

(三)检验检测[①]

截至2022年底,上海市共有各类检验检测机构1 305家,较上年增长6.4%(见图23),占全国的比重为2.5%,共有从业人员64 664人(见图24)。全市拥

---

① 数据来源:上海市市场监督管理局。

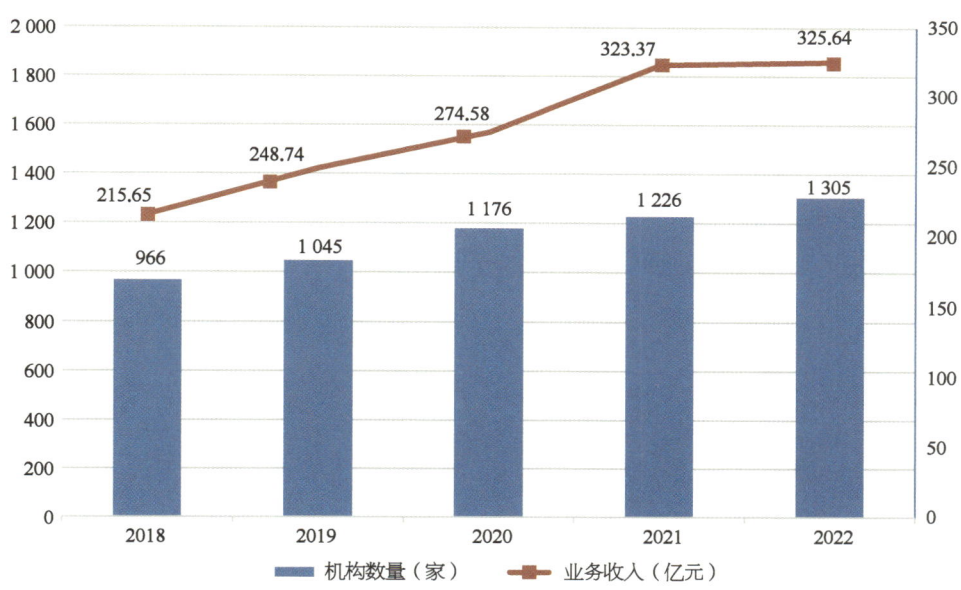

图 23　2022 年上海市检验检测行业机构数量及业务收入

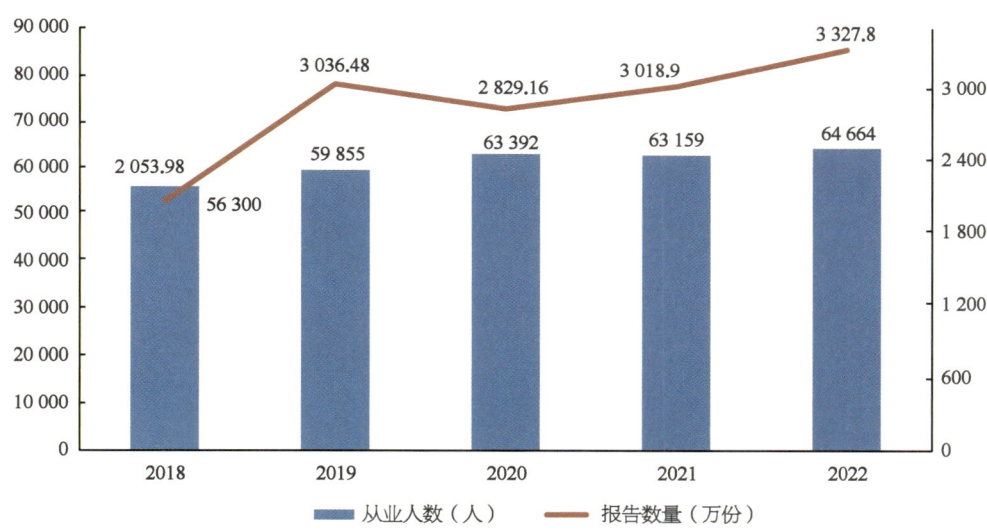

图 24　2018—2022 年上海市检验检测行业从业人数及出具报告数量

有检验检测仪器设备 33.7 万台套,原值 299.8 亿元,原值较上年增长 11.8%;实验室总面积 351.0 万平方米。

2022 年,上海市检验检测机构出具报告 3 327.8 万份,较上年增长 10.2%,实现业务收入 325.64 亿元,较上年增长 0.7%,业务收入占全国的比重为 7.6%;户均收入 2 495.3 万元、人均收入 50.4 万元,均稳居全国第二。

全市 520 家检验检测机构获得 CNAS 认可证书 601 张，证书数量较上年增长 3.6%。全市 63 家检验检测机构获得国际认可与合作，实现相关业务收入 3.2 亿元。

2022 年，上海市检验检测行业围绕服务"长三角一体化""一带一路"等国家重大战略部署，出具检验检测报告 1 543 万份，实现业务收入 157 亿元。

2022 年，上海市 124 家检验检测机构服务支撑高技术制造业、战略性新兴产业和本市三大先导产业，全年为生物医药、集成电路、人工智能产业出具报告近 43 万份。

（四）认证认可①

截至 2022 年底，上海市共有认证机构 178 家，全年认证行业实现营业收入 51.30 亿元，营业利润 10.60 亿元；共有从业人员 14 813 人，其中本科及以上学历 11 895 人。2022 年，上海市各类认证机构颁发认证证书 480 219 张，其中体系认证 309 759 张，产品认证证书 166 348 张，服务认证证书 4 112 张（见图 25）。

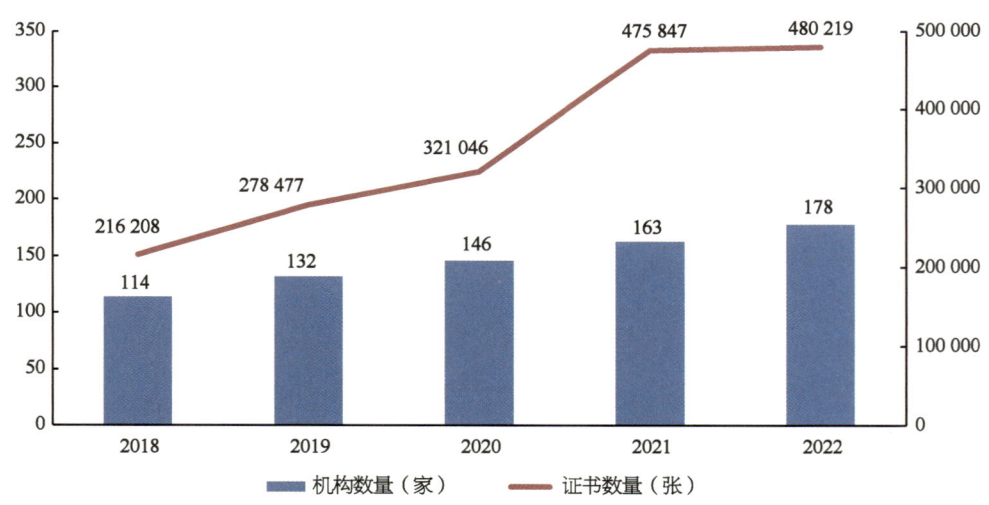

图 25　2018—2022 年上海市认证机构数量及认证证书颁发数量

① 数据来源：上海市市场监督管理局。

2022年，上海市各类认证机构围绕小微企业质量管理痛点难点问题，开展"百千万"帮扶行动，共精准帮扶18个行业的323家小微企业，相关扶持政策累计补贴321万余元，共培训中小微企业法定代表人或质量负责人千余人次，向2万余人次普及质量管理相关知识。

（五）质量基础设施"一站式"服务①

上海市在整合质量管理、标准、计量、认证认可等服务项目的基础上，探索增强企业注册、知识产权保护、药械化监管等方面的服务功能，探索加强数字化、绿色节能、科技创新等方面的服务联动。截至2022年底，上海市共建有59个质量基础设施"一站式"服务试点项目。其中，在集成电路、生物医药、人工智能等三大先导产业领域，共建设了7个项目；在先进制造业领域，共建设了航天航空、新能源汽车、机器人等15个项目；在现代服务业领域，共建设了商业零售、人才服务、在线新经济等37个项目。59个试点项目共服务企业5万余家次，为企业减免费用4 600余万元。

> **案例14　杨浦区多措并举提升质量基础设施"一站式"服务能级**
>
> 杨浦区聚焦中小企业质量提升需求，持续完善质量基础设施（NQI）"一站式"服务体系。一是依托"一网通办"平台，搭建本区质量基础设施"一站式"服务的企业专属网页，并制作服务指南和需求清单，按项列明具体服务内容，为企业需求提供菜单式服务，首批录入质量相关服务事项31项。通过"一套清单、二级目录"的形式，整合了本区计量、标准、认证认可、检验检测、质量管理等相关服务事项，为广大企业特别是中小微企业提升质量水平提供更加便捷高效的服务。同时，将该项工作与窗口办理证照相结合，以简便

---

① 数据来源：上海市市场监督管理局。

方式向企业主动推送质量基础服务，指导企业通过专属网页链接，按需求自主勾选服务种类，选择服务对象，帮助企业降低质量技术准入门槛。二是在杨浦科技创业中心先行试点，建设实体性"一站式"服务窗口（服务点）。依托该园区"植入质量因子的孵化全链条杨浦模式"的优质资源，打造升级版的企业服务大厅，形成为园区企业高效服务的"一站式"服务窗口，有效的一揽子服务体系。试点开展以来，依托杨浦区质量技术服务专家联盟，开展各类质量服务158次，服务企业380家次，解决企业质量管理难题40余项。三是以企业需求为导向扩容推广，纳入金融服务、科技转化等其他优质服务资源，为本区中小企业发展提供全方位、全过程服务。以新试点的同济大学国家大学科技园为例，该园区已成为"环同济知识经济圈"现代创意设计产业集群的重要策源地和承载地。园区聚焦大学社会服务功能，构建"创客空间—孵化器—加速器—产业集群"四位一体的科技创业服务体系，先后举办"上海品牌"认证制度和"政府质量奖励制度及卓越绩效评价准则"等专场宣贯培训活动，共60余家企业80多位质量管理人员参加培训，进一步提高了企业卓越绩效管理意识和质量品牌竞争力。

三、资金保障

（一）研究与试验发展投入[①]

2022年，上海市用于研究与试验发展（R&D）经费支出约占全市生产总值的比重为4.2%左右，全年共落实研发费用加计扣除上年度减免税额2 622.14亿

[①] 数据来源：《2022年上海市国民经济和社会发展统计公报》。

元，受惠企业达 35 686 家。

（二）标准化推进专项资金①

2022 年，上海市级标准化推进专项资金聚焦服务国家重大战略、支撑三大先导产业、服务城市数字化转型，共计资助 179 个项目，总计金额 1 620 万元（见表 22）。

表 22　2018—2022 年上海市标准化推进专项资金情况表

年　份	资金总额（万元）	项目数（项）
2018 年	2 699.56	366
2019 年	2 692	185
2020 年	2 249	232
2021 年	2 025	254
2022 年	1 620	179

（三）政府质量奖励资金②

2022 年，上海市、区两级政府质量奖励资金共计 2 270 万元。其中，市级政府质量奖励资金 530 万元，区级质量奖励资金 1 740 万元（见表 23）。

表 23　2018—2022 年上海市、区两级政府质量奖励资金一览表

年份	市级政府质量奖励资金（万元）	区级政府质量奖励资金（万元）	小计（万元）
2018 年	720	4 143	4 863
2019 年	610	2 850.5	3 460.5

---

① 数据来源：上海市市场监督管理局。
② 数据来源：上海市市场监督管理局。

续　表

年份	市级政府质量奖励资金（万元）	区级政府质量奖励资金（万元）	小计（万元）
2020 年	730	2 015	2 745
2021 年	520	2 490	3 010
2022 年	530	1 740	2 270

四、人才保障[①]

（一）质量人才

1. 首席质量官

2022 年，上海市深入推进实施企业首席质量官制度，累计培育企业首席质量官 4 000 余名。上海市质量工作领导小组办公室组织开展了 2022 年度上海市企业首席质量官创新实践案例推荐活动，共选出"产品全面风险运营管控模式"等 10 个企业首席质量官创新实践案例，以激励企业首席质量官在实施企业发展战略、加强质量变革创新、推进质量管理体系和质量文化建设等方面发挥示范引领作用（见表 24）。

表 24　2022 年度上海市企业首席质量官创新实践案例名单

序号	案　例　名　称	报　送　单　位
1	产品全面风险运营管控模式	上海微创医疗器械（集团）有限公司
2	以联合产品开发模式提升航空装备研制质量	上海航空电器有限公司
3	卓越质量　卓越发展	伽蓝（集团）股份有限公司
4	以"用户满意"为核心，践行卓越、智创未来的精益质量管理模式	上汽通用汽车有限公司

---

① 数据来源：上海市市场监督管理局。

续 表

序号	案 例 名 称	报 送 单 位
5	游龙腾于海坨之巅，向世界展示中国质造	上海宝冶集团有限公司
6	"纵横通达"质量管理模式	上海城投公路投资（集团）有限公司
7	"双四位一体+五字方针"城市建设更新质量管理模式	上海静安置业（集团）有限公司
8	驱动轮模式	上海航天科工电器研究院有限公司
9	S－PIVOT 创新数字化服务管理模式	上海凯洁电子商务股份有限公司
10	渔光互补清水蟹养殖新模式	上海宝岛蟹业有限公司

2. **中小企业质量提升"万千百"工程**

2022 年，上海市继续组织中小企业开展"质量成本分析"、"过程分析与数据收集"等先进质量管理方法和工具公益培训，推动企业提升质量意识和质量素质，2 000 余家企业近 2 万员工参加培训。

3. **质量公益性培训**

2022 年，上海市市场监管部门组织中小企业质量提升公益培训活动，制作发布 6 门质量基础课程视频，收看量超过 7 000 人次。上海市质量学术机构举办以"疫情期间心理建设"和"共享高品质健康生活"为主题两期"质量大讲堂"和"中小企业供应链质量管理""现场管理改善方法""运用数据分析提升质量管理过程能力"三期公益培训，共有 2 200 家中小企业质量从业人员 7 164 人参加。

（二）标准化人才

1. **国际标准化人才**

2022 年，上海市共有 1 名专家获 IEC 托马斯·爱迪生奖，2 名专家获 IEC1906 奖。

2. **企业标准化总监**

2022 年，上海市印发《关于推进实施企业标准化总监制度的指导意见》，明确了上海企业标准化总监制度的总体要求、主要任务和保障措施，以及企业标准化总监的岗位定位、任职条件和岗位职责，并明确了企业标准化总监可由首席质量官、技术总监、运行总监等企业高管兼职，提出了鼓励企业聘用标准化总监、开设标准化总监高级研修班、建立企业标准化总监交流平台、促进企业间标准化工作交流、分享"企业方案"等实施举措。

2022年，上海市培养了首批共计145名1+X标准编审职业技能人才，实现了上海标准化职业教育技能人才队伍"零的突破"。上海第二工业大学开设"标准化工程"本科新专业，确定2+2培养模式（2年标准化基础+2年专业方向）。

2023

第四章 产业质量

2022 年，上海市"3+6"重点产业不断提质增效，集成电路、高端装备、新能源汽车等产业质量瓶颈不断突破，生物医药、人工智能、电子信息等产业链质量管理水平不断提高，时尚消费品等质量竞争力不断增强，企业质量管理成熟度保持良好水平。

一、重点产业

（一）集成电路

1. 总体状况①

2022 年，上海市集成电路产业实现销售收入突破 3 000 亿元，达到 3 057 亿元，较上年增长 18.5%（见图 26），占我国集成电路产业销售规模的比重约为 20%。其中，上海市集成电路设计业实现销售收入 1 341 亿元；晶圆制造业实现

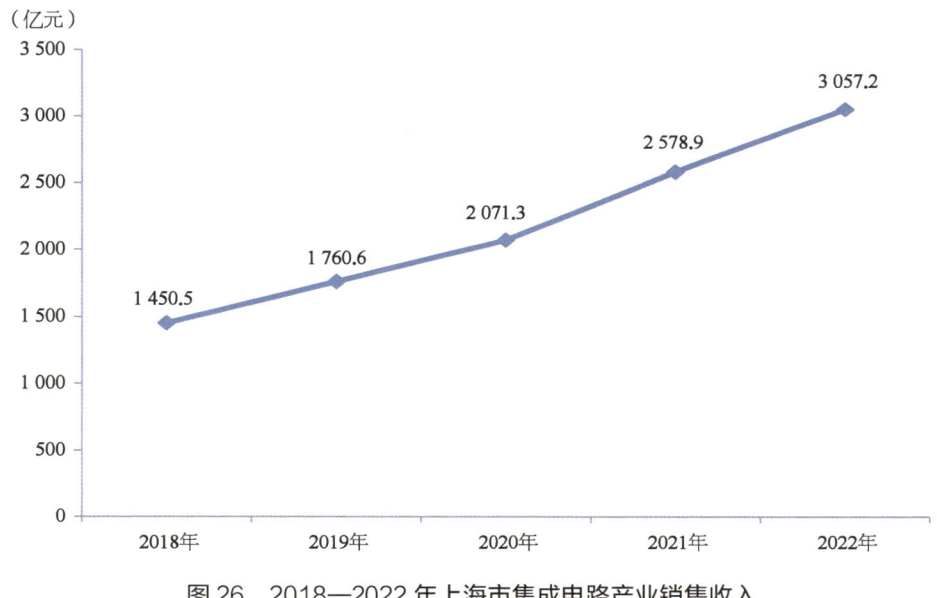

图 26　2018—2022 年上海市集成电路产业销售收入

① 数据来源：《2022 年上海市国民经济和社会发展统计公报》、上海市经济和信息化委员会。

801亿元；封测业实现531亿元；设备材料业实现384亿元。设计业、制造业、封测业、设备材料业销售规模之比达到44∶26∶17∶13。集成电路设计业的研发投入占营业收入比重达24.77%、晶圆制造业的研发投入占比为13.33%，封测业的研发投入占比为3.56%；设备材料业的研发投入占比为12.46%。截至2022年底，上海市集成电路企业共有42家上市公司。

2. 质量状况①

2022年，上海市集成电路行业积极开展质量攻关活动，获上海市重点产品质量攻关成果一等奖1项、二等奖1项，集成电路领域涌现出中微半导体设备（上海）股份有限公司、上海华虹宏力半导体制造有限公司、上海艾为电子技术股份有限公司等一批质量标杆企业。

案例15 上海安路信息科技股份有限公司开展"28 nm工艺FPGA芯片质量攻关"

FPGA（Field Programmable Gate Array，现场可编程逻辑芯片）是先制造后决定功能的集成电路芯片，与CPU、Memory同属集成电路高端通用芯片。凭借并行运算和高度灵活性等优势，FPGA被广泛应用在工业控制、网络通信、消费电子、数据中心、汽车电子等领域。上海安路信息科技股份有限公司在高效能FPGA芯片量产过程中，基于六西格玛建立了从需求提出到爬坡量产、生命周期阶段的全流程产品质量管控方案，自主开发生产数据采集及良率预警系统，综合运用多种质量工具，从电路设计、制造工艺、测试方法、操作流程及规范等方面展开分析，准确定位失效根因，制定改善措施；采用统计方法对批次良率进行监控，并将经过验证的各项改善措施纳入生产控制计划进行固化和推广，形成标准文件。通过质量攻关，芯片良率提升20%，助力企业实现销售额超亿元。

---

① 数据来源：上海市市场监督管理局。

（二）生物医药[①]

1. 总体状况

2022 年上海生物医药产业规模稳步增长，达到 8 537 亿元，同比增长 5.7%，其中制造业产值累计 1 850 亿元，同比增长 5.7%。产业结构优化升级，生物制品产值 304 亿元，产业发展更加聚焦重点领域突破。创新药械数量攀高，新增获批 1 类新药 4 个，数量居全国第一；新增通过国家创新医疗器械特别审批通道获批器械 9 项，累计 33 项获批上市，数量约占全国六分之一。上市企业持续增多，新增 11 家生物医药企业科创板上市，累计 30 家上市，上市企业数及募集资金额位居全国第一。[②]

2022 年，上海市发布《上海市加快打造全球生物医药研发经济和产业化高地的若干政策措施》。该政策措施核心内容分为六大方面，分别是提升研发创新能力、支持创新药和医疗器械研发生产新模式、引进和培育创新型总部、支持高水平孵化转化平台建设、提高生物医药知识产权交易活跃度、支持研发创新产品的上市和使用，包括优化创新药上市许可持有人制度支持政策、在上海技术交易所开设"生物医药专板"、试点推行专利开放许可制度、完善创新药械纳入商业医疗保险推荐机制等。

2. 质量状况

2022 年，上海市医药行业组织开展了行业质量状况调查，共调查 160 家企业，从被调查企业的产业链分布来看，属于产业链上游的企业占比 8.7%；属于产业中游的企业占比 26.9%；属于产业链下游的企业占比 64.4%。

调查结果显示，96.9% 的企业均提出了明确的质量愿景和价值观；97.5% 的企业设有质量管理专门的岗位或职能部门，更有 21.2% 的企业聘用首席质量官；开展员工质量教育的企业占比达 98.8%，更有 36.9% 的企业建立质量培训管理体系。45.0% 的企业于质量工作的资金预算投入（包括质量技术创新、质量培训、规划与计划实施情况的控制等）较上年增幅超过 5%。

[①] 数据来源：上海医药行业协会。
[②] 数据来源：上海市经济和信息化委员会。

95.6%的企业建立了质量管理体系，更有41.2%的企业将质量管理体系与药品生产相关的其他管理体系进行深度融合。95.6%的企业组织员工参与质量改进活动，更有29.3%的企业员工可以运用简单质量工作分析问题。90.0%的企业将质量管理与研发创新相融合，更有40%的企业由此提升了研发效率和研发质量。97.5%的企业在药品的生产和服务提供过程中运用质量工具，更有31.3%企业建立公司级质量管理信息系统，实现不同业务部门间质量管理在线协同。

（三）人工智能[①]

1. 总体状况

2022年上海人工智能相关企业超过2 000家，产值近3 000亿元。基本建成上海人工智能实验室、上海数据交易所、白玉兰开源开放研究院等机构为核心的产业技术平台，形成浦东张江、徐汇西岸、临港新片区、闵行马桥四大产业格局。在人工智能核心技术方面，一批开源开放的体系正式发布，一批智能芯片流片量产，位于临港的新一代人工智能计算与赋能平台投入试运行，全国首个人工智能公共算力平台揭牌启用。

2022年，上海市出台了人工智能领域的首部省级地方法规——《上海市促进人工智能产业发展条例》。《条例》明确本市市场监管部门负责人工智能产业计量、标准、检验检测、认证认可、相关产品质量监督等工作。《条例》要求推动长三角人工智能产业协同融合发展，提出技术标准互认、关键领域测试数据共享互认、基础设施建设成本分担和利益共享等多项举措。

2. 质量状况

2022年，上海市人工智能行业组织开展了行业质量状况调查，共调查上海市人工智能企业104家。从被调查企业的产业链分布情况来看，处于产业链上游（包括算力、芯片、云计算、大数据等基础技术领域）、产业链中游（包括计算机视觉、自然语言处理、智能语音、知识图谱、人机交互等应用技术）以及产业链

[①] 数据来源：上海市经济和信息化委员会、上海市人工智能行业协会。

下游（包括智能医疗、智能金融、智能机器人、智能交通、智能政务等实际应用场景）的占比依次为 18.3%、39.4% 和 42.3%。被调查企业主要分布在汽车、先进材料、生命健康、电子信息、高端装备、时尚消费品六大重点产业，占比排名前三位的依次为电子信息（38.5%）、高端装备（29.8%）以及生命健康（15.4%）。

调查结果显示，98.1% 的企业都制定了明确的质量战略目标；93.3% 的企业设立了与质量相关的考核指标；96.2% 的企业能够应用研发创新的质量管理方法，96.2% 的企业制定了质量培训的年度计划；53.8% 的企业直接质量成本超过 2%。

95.2% 的企业通过了 ISO 9001 质量管理体系；有 39.4% 的企业获得了第三方认证，更有 26% 的企业将质量管理体系与其他管理体系整合为一体化管理体系；71.7% 的企业对供应商进行分级评估和管理。

通过实践证明，77.9% 的企业在质量创新后，获得了较为理想的效果，提升了开发的质量和效率。绝大部分的企业能够以各种方式让员工参与质量改进活动，更有 20.2% 的企业通过员工参与质量改进活动取得了提质增效的成效。

（四）电子信息[①]

1. 总体状况[②]

2022 年，上海市计算机、通信和其他电子设备制造业实现工业总产值 5 745.60 亿元，较上年增长 1.7%。

2. 质量状况

2022 年，上海市电子信息制造业行业组织开展了行业质量状况调查。被调查企业共 175 家，从领域分布来看，有 20.47% 的企业为三大先导产业之集成电路产业，有 55.56% 的企业为非先导产业。从产业链分布情况来看，18.86% 的企业处于产业链上游，32.57% 的企业处于产业链中游；48.57% 的企业处于产业链下游。

---

① 数据来源：上海电子商会(上海电子制造行业协会)。
② 数据来源：《2022 年上海市国民经济和社会发展统计公报》。

调查结果显示，90.86%的企业具有质量目标，企业质量管理的资金投入主要集中在实施技术改造、质量改进等提升质量技术创新能力、推进质量设计、试验检测、可靠性工程等先进质量技术研发应用、质量管理体系认证等方面。其中，提升质量技术创新能力占比达55.43%，质量技术研发应用为42.29%。37.71%企业实施重大质量改进项目，协同开展产业链供应链质量共性技术攻关。

从实施数字化转型的情况来看，采用信息化工具的企业占比达93.20%，较上年提高3.73%；其中26.21%的企业建立公司级质量管理信息系统，实现不同业务部门间质量管理在线协同，占比较上年提高10.42%（见图27）。

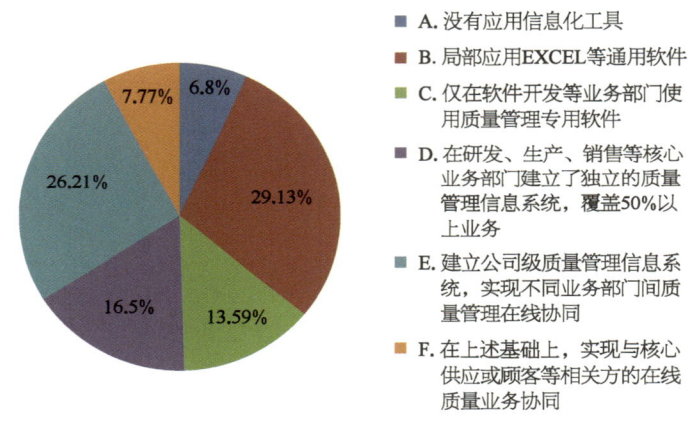

图27　2022年上海市电子信息行业企业质量管理信息化工具和系统应用情况

（五）汽车

1. 总体状况

2022年，上海市汽车产量达到302.45万辆，同比增长6.8%，其中新能源汽车产量98.86万辆，同比增长56.5%，达2 888.25亿元，同比增长56.9%。截至2022年底，上海市已累计推广新能源汽车90万辆，规模位居全球城市第一，建成充电桩62万个（车桩比1.4∶1）；在汽车产业供应端，上海市已布局8家整车企业、600余家国内外主要零部件企业。同时，上海市已集聚了汽车复合型高端人才超 15 万人，占全国的 22%。[①]

2. 质量状况

2022 年，上海汽车集团股份有限公司（以下简称上汽集团）乘用车 57 种整车产品的千辆车故障数同比目标平均下降 4.83%，单车质量索赔费用同比目标平均下降 6.15%；商用车 11 种整车/整机产品的故障数同比目标平均下降 2.79%，单车质量索赔费用同比目标平均下降 9.49%。

截至 2022 年底，上汽集团所属主要企业获得各类体系认证证书共计 441 张（见表 25），上汽集团获得的产品认证证书 5 657 张（见表 26）。

表 25　2022 年上汽集团所属主要企业获体系认证证书一览表　　单位：张

证　书　类　型	数　　量
IATF16949 证书	188
ISO9001 证书	35
ISO14001 证书	119
OHS45001 证书	73
其他证书	26
总　　数	441

表 26　2022 年度上汽集团产品认证证书一览表　　单位：张

证　书　类　型	数　　量
国家强制性产品认证	3 493
出口认证	2 164
产品证书总数	5 657

上汽通用汽车有限公司"实施铝制车身多种制造新技术开发与集成应用的实践"荣获 2022 年全国质量标杆；上汽集团创新研究开发总院"全生命周期架构开发 NVH 质量闭环控制体系开发应用经验"等 5 家企业获 2022 年上海市质量标

---

① 数据来源：第 12 届中国汽车论坛上海市经济信息化委员会代表发言。

杆称号；上海汽车集团股份有限公司获"2022年度上海市重点产品质量攻关优秀组织奖"，集团下属企业获7项上海市重点产品质量攻关成果。

上汽集团乘用车分公司"SGE发动机装配生产一组"等9个质量班组荣获2022年度全国机械工业优秀质量信得过班组；上汽通用五菱汽车股份有限公司"挑战者1号QC小组"、联合汽车电子有限公司"HCD开裂问题解决攻坚QC小组"等45个QC小组荣获2022年度全国机械工业优秀质量管理小组。

（六）高端装备

1. 总体状况

2022年，上海市成套设备制造业实现工业总产值2 532.10亿元。[①] 上海市的高端装备制造业主要优势领域包括：以上海电气集团股份有限公司（以下简称"上海电气"）为代表的新能源发电装备制造业，风电装备、光伏装备、智能电网及储能领域形成新增长动力。以中国商用飞机有限责任公司（以下简称"中国商飞"）为核心的民用航空航天装备制造业基本建成较完整商用飞机产业链；以民用船舶与海洋工程装备产业规模持续增长，综合技术实力位居国内首位；以中船上海船舶工业有限公司（以下简称"上海船舶"）旗下的江南造船（集团）有限责任公司（以下简称"江南造船"）、沪东中华造船（集团）有限公司和上海外高桥造船有限公司（以下简称"外高桥造船"）以及上海振华重工（集团）股份有限公司形成的民用船舶与海洋工程装备产业规模持续增长，综合技术实力位居国内首位。[②]

2. 质量状况

（1）电气装备[③]

2022年，上海电气集团股份有限公司等级品率达到94.77%，质量损失率为0.45%，均保持在较高水平。上海电气集团股份有限公司获"2022年度上海市重点产品质量攻关优秀组织奖"，集团下属企业获5项上海市重点产品质量攻关成果。

---

① 数据来源：《2022年上海市国民经济和社会发展统计公报》。
② 数据来源：《上海市高端装备产业发展"十四五"规划》。
③ 数据来源：上海电气集团股份有限公司。

（2）民用航空装备①

2022年，中国商飞的国产大飞机研制取得突破性进展和标志性成果。9月29日，C919飞机获颁型号合格证（TC）；11月29日取得生产许可证（PC）；12月9日，C919飞机正式交付全球首家客户中国东方航空。ARJ21飞机累计向客户交付100架，安全运营超18万小时、载客580万人次，首架海外交付如期实现，单机平均FRR数逐年下降，同比降低8%。

2022年，中国商飞围绕ARJ21交付过程优化、C919取证试飞优化、关键技术攻关等领域实施16个公司级精益改进项目并取得预期成果；评选公司优秀QC小组15个，QC小组活动普及率达11.3%；积极培育优秀质量技术与管理成果，中国商飞上海飞机制造有限公司《人员培训与资质授权体系实践经验》获评"上海市质量标杆"，共计34项成果获得全国QC小组活动成果、上海市重点产品质量攻关成果等荣誉，21个班组获全国、上海市和北京市质量信得过班组。

（3）航天装备②

上海航天装备制造业以中国航天科技集团有限公司第八研究院（以下简称"航天八院"）为主要核心。2022年，航天八院实施院标准预审机制，设立院标准"一次交验合格率"，标准质量稳步提升，院标准预审通过率同比提升3%；发布3项国家标准、7项国家军用标准、2项航天行业标准，其中两项国家标准分获首届上海市标准创新贡献奖。承担的首个国家级高端装备标准化试点项目以及《气象卫星航天器动力学兼容设计与验证标准化试点》等三个上海市标准化试点项顺利通过验收。

2022年，航天八院相继获得"上海市市长质量奖（个人）""上海市质量金奖""上海市首届标准创新贡献奖"等质量和标准化荣誉奖项，连续四年获得"上海市重点产品质量攻关优秀组织奖"。800所"AI-NDT TEAM"团队《提升运载火箭焊缝智能化识别效率》获亚太质量组织国际杰出贡献"最佳技术应用奖"；上海航天设备制造总厂、第八〇二研究所、上海空间电源研究所QC小组成

---

① 数据来源：中国商用飞机有限责任公司。
② 数据来源：上海航天技术研究院。

果在国际质量管理小组会议（ICQCC）比赛中获得金奖；集团下属企业获 4 项上海市重点产品质量攻关成果。

案例 16　上海宇航系统工程研究所开展"空间站超大面积柔性太阳电池翼质量提升攻关"

上海宇航系统工程研究所充分运用先进的质量方法实现超大面积柔性太阳电池翼质量提升，相继突破了超大面积三维五步全自动时序展开太阳电池翼系统、高收纳比可重复展收机构、柔性太阳电池阵发射段和在轨段承载、玻璃纤维增强轻薄型柔性电池基板等多项关键技术，成功在空间站天和核心舱及问天实验舱上实现在轨应用。公司采用数字孪生样机等先进数字化手段助力产品质量提升，建立了可重复展收机构和柔性太阳电池翼数字孪生样机和参数化软件，实现参数化建模并采用实际物理样机的参数带进到模型中，进行展开及可靠性计算，确保次次展开成功率 100%。利用质量功能展开（QFD）识别出太阳翼 6 项任务功能、12 项一级子功能、78 项二级子功能；利用故障模式及影响分析（FMEA）识别出 90 项设计关键特性，36 项工艺关键特性，42 项过程关键特性，26 类关重件；初样阶段 19 项风险项目，正样阶段 5 项风险项目；采取 28 项强制检验点和 9 项关键检验点对全流程质量进行检查确认，确保了产品质量受控，首飞成功。该项目技术水平达到国际先进水平，已授权专利 25 项、受理专利 23 项，软件著作权 1 项，专利许可累计收入 4 000 万元。涉及柔性太阳电池翼及伸展机构的空间站任务、多个飞行器型号、基础研究项目和商业航天等项目累计销售额近 8 亿元、利润合计近 4 000 万元。

（4）船舶和海洋工程①

2022 年，上海船舶开展精细化质量管理成熟度评价工作，各单位平均得分

---

① 数据来源：中船上海船舶工业有限公司。

543.5分，比2021年平均得分提高20.1%；组织相关造修船企业开展焊接质量提升"一对一"专项帮扶工作，全年焊接质量检查综合指数提升2.29%。公司2022年共注册QC小组510个，形成208篇QC成果；集团下属企业获得6项上海市重点产品质量攻关成果，获上海市质量管理小组标杆级成果2个，优秀级成果5个；获得全国质量信得过班组2个，上海市信得过班组12个。上海外高桥造船有限公司研制的企业标准《大型邮轮薄板建造变形控制要求》获评"上海标准"。

案例17　外高桥造船厂突破邮轮薄板变形技术难关

大型邮轮被誉为船舶工业"皇冠上的明珠"，是设计建造难度最高的船型之一。薄板变形控制是邮轮结构建造必须逾越的第一道难关，为此，外高桥造船厂形成了国内首创，拥有独立自主知识产权的企业标准《大型邮轮薄板建造变形控制要求》。该标准规定了大型邮轮船体小于等于6 mm薄钢板建造变形控制的建造精度要求、工艺流程及设计要求和矫平要求，适用于大型邮轮船体薄板建造时的变形控制。该标准制定了国际国内领先的11项薄板变形控制技术的关键性指标，如反映外观美观度的船壳板外板线型和平整度关键指标；提高乘客体验舒适度、减少和控制敷料用量的邮轮甲板平整度关键指标；打破了欧美技术壁垒，填补国内该领域技术空白，共申请专利14项。该标准的全面实施，提升整体薄板建造效率30%；应用T-BEAM"香蕉型"反变形加放法，实现T-BEAM制作一次成型，生产效率提升达50%；采用大跨度薄板分段翻身装备实现大跨度薄板分段腾空翻身，减少一半场地面积，提高预舾装率到80%以上等，仅首艘邮轮就为企业创造经济效益约1 352万元。全面保障了中国自主建造的首艘大型邮轮在2021年12月顺利完成坞内起浮。

2022年，振华重工围绕"不欠债离岸"的总目标，圆满完成年度质量目标，其中，外部一次报验合格率为 98.95%，焊缝超声检测一次合格率达到 99.45%，焊缝射线检测一次合格率达到 92.95%。振华重工主持编制的团体标准《自升式平台升降系统》获得工业和信息化部百项团体标准示范项目。

（七）新材料

1. 先进材料①

2022 年，上海新材料产业规模稳步增长，规模以上产值从"十三五"期间的 1 932.56 亿元增长到 2 663.13 亿元，年均增长率达 6.2%。总量保持战略性新兴产业第二位。现有国家级企业技术中心 9 家，市级 73 家，合计占新材料规上企业 15%。2022 年，上海市先进材料行业共获 9 项海市重点产品质量攻关成果。

2. 精品钢材

2022 年，中国宝武钢铁集团有限公司（以下简称"宝武钢铁"）实现粗钢产量达 1.32 亿吨，实现营业收入为 1.16 万亿元，首次破万亿。② 2022 年，宝武钢铁继续聚焦精品钢材深加工，全年研发（R&D）投入率 4.3%，申请发明专利 1 309 件；新一代高能效新能源车驱动电机钢等 9 项产品实现全球首发。

宝武钢铁重点聚焦 25 个技术方向形成技术降本和产品增效行动方案，开展经济炉料降本、钢铁料消耗降本、合金优化降本，实施"优精炼、免平整、去罩退、转连轧、直接出成品"等工艺简约化措施。通过提高机组成材率和增加外购板坯、热卷、轧硬卷等原料，着力提升公司材钢比，同比提升 0.9%。全年废次降发生率 4.1%，同比下降 9.6%。③

（八）时尚消费品

截至 2022 年底，以时尚消费品为代表的轻工产品在上海市规模以上主要商品

---

① 数据来源：上海市新材料协会。
② 数据来源：《人民日报》。
③ 数据来源：中国宝钢钢铁集团有限公司。

分类批零销售额的贡献率达 12%。上海市时尚消费品产业呈现多元化、趋势化和高端化的格局，并具备品质可控、服务精细、运营良好、管理到位的发展态势。从品牌美誉度来看，上海市的时尚消费品领域集聚了包括"英雄"金笔、"光明"乳业、"老凤祥"金银珠宝饰品等一批老字号企业，占全市老字号品牌数量的半数以上。从分布领域来看，以食品、日用品、化妆品、文化用具类、饰品和家居等品类为主导（见图 28）。

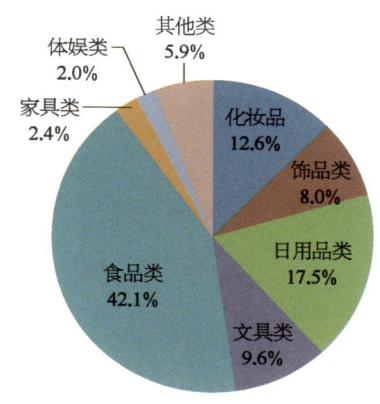

图 28　2022 年上海市时尚消费品领域分布

2022 年，上海市时尚消费品行业深入推进质量提升工作。《东方美谷化妆品内包材验收管理规范 第 1 部分：通用管理要求》、《化妆品中天然成分的技术定义和计算指南》和《化妆品生产企业——质量安全控制数字化转型评价指南》等 12 项团体标准相继发布实施，为提升化妆品品质的质量安全水平，提供了对标对表的准则和管控依据。开展化妆品生产企业的信用分级评估工作，获得 A 类和 B 类企业占比分别达到 35% 和 41%。成立全国家具标准化技术委员会，针对家居装潢和养老安居两个大市场，分别制定发布了家具采购通用要求、分类家具采购指南和养老家具的团体标准，填补了国内家具分类采购和制造的空白。"凤凰"自行车、"敦煌"民族乐器等一批老字号积极升级转型，焕发出新的活力。

二、企业调查

为全面掌握上海市企业质量管理现状，上海市质量工作领导小组办公室委托第三方机构，开展了"2023 年上海市企业质量管理状况调查"，发放问卷 7 000 余份，回收有效问卷 4 221 份，从被调查企业规模来看，大型企业占比 4.7%，中型企业占比 9.0%，小微型企业占比 86.3%。

此次调查对企业的愿景和价值观、质量管理职能、质量培训、质量改进活动等质量管理各指标进行了数据采集，并对企业质量管理成熟度①进行了定量分析。

（一）总体情况

调查结果显示，被调查企业的质量管理成熟度平均得分为 559.2 分，继续处于良好水平。其中，17.9%的被调查企业处于优秀水平，11.9%的企业处于卓越水平②（见图 29）。

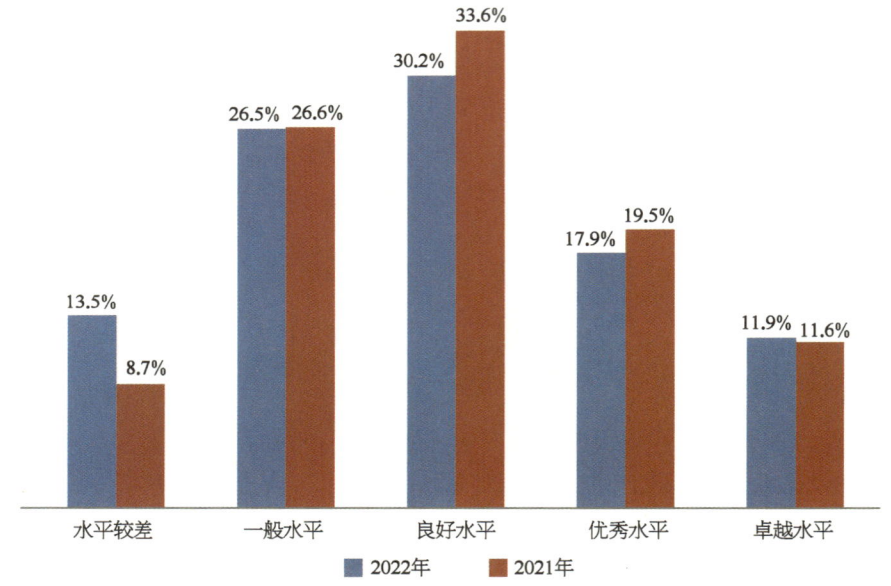

图 29　2021—2022 年上海市企业质量管理成熟度等级分布情况

质量管理成熟度各项分级指标得分基本与上年持平（见表 27）。

---

① 此次调查设计的质量管理成熟度评价模型是在参考克劳士比"质量成熟度判定"、"卓越绩效评价准则"、"基于 GB/T 19001 的质量管理成熟度评价准则"等国内外实践基础上，根据上海市企业实际情况设计的。该模型满分为 1 000 分，由领导作用、质量战略、体系与标准、全员参与、过程管理和绩效管理等 6 项一级指标、15 项二级指标构成。

② 本次调查将质量管理成熟度评价结果按照得分分为五级，其中得分≤300，成熟度等级为水平较差；得分在（300，500]，为一般水平；得分在（500，700]，为良好水平；得分在（700，850]，为优秀水平；得分在（850，1 000]，为卓越水平。

表27 2022年上海企业质量管理成熟度各项指标得分

一级指标	得分	满分	二级指标	得分	满分
领导作用	86.0	150	领导参与	51.7	90
			质量组织	34.3	60
质量战略	95.6	140	质量愿景价值观	35.9	60
			质量战略目标	59.7	80
体系与标准	62.4	130	质量管理体系	39.0	70
			标准化工作	23.4	60
全员参与	76.4	130	质量改进活动	34.4	60
			质量教育培训	41.9	70
过程管理	139.3	260	生产/服务质量控制	44.6	80
			质量管理信息化	26.2	50
			供应商管理	33.5	60
			质量创新管理	35.0	70
绩效管理	99.6	190	质量绩效管理	45.1	80
			质量成本	20.4	50
			顾客满意度	34.1	60

（二）分类分析

调查结果显示，制造业企业平均得分为595.9分，服务业企业为536.4分。从成熟度等级分布情况来看，制造业企业和服务业企业处于良好水平以上的占比分别为67.2%和55.5%（见图30）。

调查结果显示，三大先导产业企业质量管理成熟度均值为635.4分，较上年有所提升；六大重点产业集群企业质量管理成熟度均值为617.2分，较上年略有下降（见表28）。

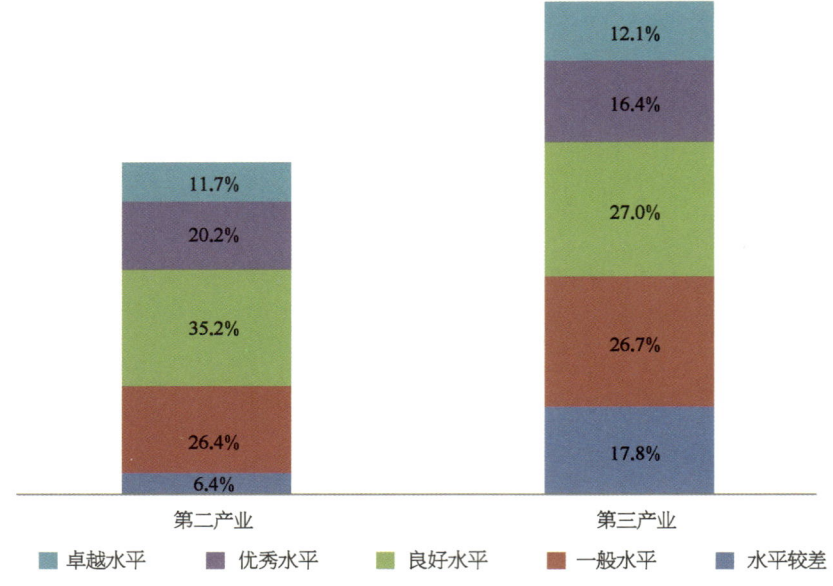

图 30 2022 年上海市制造业和服务业企业质量管理成熟度情况

表 28 2022 年上海市"3+6"重点产业企业质量管理成熟度得分

分　　类		质量管理成熟度
三大先导产业	集成电路产业	637.6
	生物医药产业	644.5
	人工智能产业	620.2
六大重点产业	电子信息产业	568.4
	生命健康产业	650.0
	汽车产业	613.8
	高端装备产业	640.5
	先进材料产业	622.5
	时尚消费品产业	614.6

调查结果显示，产业链上、中、下游企业质量管理成熟度得分分别为 553.0、583.3 和 545.8 分（一级指标得分情况见表 29）。

表29 2022年上海市产业链上、中、下游企业质量管理成熟度一级指标得分

一 级 指 标	满 分	产业链上游	产业链中游	产业链下游
领导作用	150	82.10	88.36	85.28
质量战略	140	92.75	98.99	94.07
体系与标准	130	61.98	66.35	60.10
全员参与	130	75.60	79.43	74.64
过程管理	260	141.01	145.07	135.41
绩效管理	190	99.60	105.12	96.29

（三）分项指标

1. 领导作用

领导作用指标项满分为150分，此次被调查企业平均得分为86.0分，较上年提高2.5分。

调查结果显示，67.5%的被调查企业高层领导积极参与质量工作，其中33.7%的被调查企业高层领导通过各种方式强调质量的重要性，并亲身参与质量改进活动，抓质量取得了显著成效（见图31）。

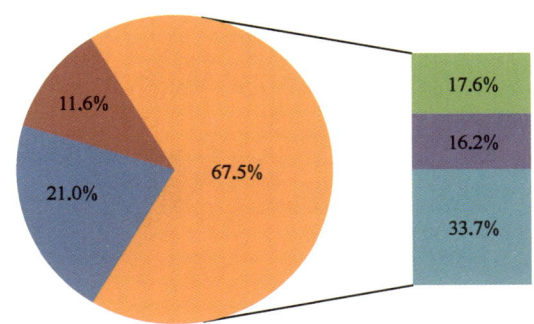

■ 主要由质量部门处理质量工作
■ 没有固定的方式，出现质量问题后由高层管理者协调处理
■ 定期听取质量部门关于质量的工作汇报，有问题时决策处理
■ 定期主持对质量工作的全面评价，发现机会、决策并督促改进
■ 通过各种方式强调质量的重要性，并亲身参与质量改进活动，抓质量取得了显著的成效

图31 2022年上海市企业高层领导关注和参与质量工作情况

2. 质量战略

质量战略指标项满分为 140 分，此次被调查企业平均得分为 95.6 分，较上年提高 4.8 分（见图 32）。

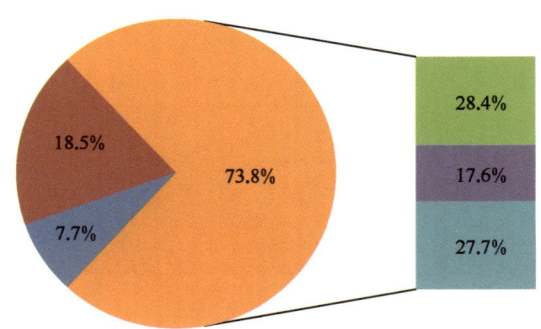

- A. 组织没有明确的质量愿景和价值观
- B. 组织有明确、正式阐述的质量愿景和价值观，但仅通过海报、标语等方式展示
- C. 组织的质量愿景和价值观在整个组织中取得共识，并经常以各种创新、多远方式进行传递与沟通
- D. 在C的基础上，组织的管理层以身作则践行组织的质量愿景和价值观
- E. 在D的基础上，组织的质量愿景和价值观与利益相关方进行传递与共享

图 32　2022 年上海市企业质量愿景和价值观情况

调查结果显示，已有 92.3% 的被调查企业有明确的质量愿景和价值观，有 73.8% 的被调查企业的质量愿景和价值观在企业中取得共识，且在此基础上有 27.7% 的被调查企业将质量愿景和价值观与利益相关进行传递与共享。

3. 体系与标准

体系与标准指标项满分为 130 分，此次被调查企业平均得分为 62.4 分，较上年基本持平。

调查结果显示，有 87.7% 的被调查企业已经建立质量管理体系，有 74.6% 的被调查企业的质量管理体系已获第三方认证且能有效运行，此外，有 16.2% 的被调查企业已经引入大质量概念，构筑了与使命、愿景、价值观相一致的综合管理体系，并结合卓越绩效等先进管理模式持续改进（见图 33）。

4. 全员参与

全员参与成熟度指标项满分为 130 分，此次调查的被调查企业平均得分为 76.4 分，较上年下降 3.5 分。

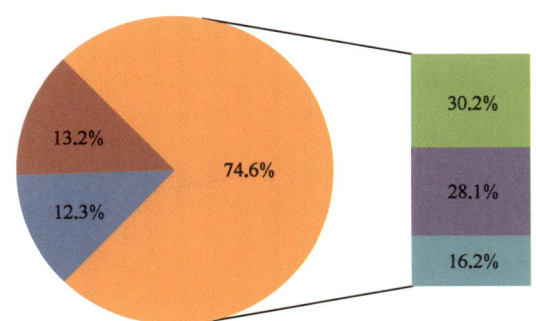

- A. 没有按照ISO9001等标准或行业主管部门要求建立质量管理体系，凭经验进行管理
- B. 按照ISO9001等标准或行业主管部门要求建立质量管理体系，但未获第三方认证
- C. 获得第三方认证，有效运行ISO9001等质量管理体系
- D. 将质量管理体系与其他管理体系整合为一体化管理体系，并有效运行
- E. 引入大质量概念，构筑了与使命、愿景、价值观相一致的综合管理体系，并结合卓越绩效等先进管理模式持续改进

图33　2022年上海市企业质量管理体系建设情况

调查结果显示，有77.6%的被调查企业会根据员工需求和组织要求，制定实施部门质量培训年度计划，并开展培训评价。在此基础上，有25.6%的被调查企业已经建立质量培训管理体系并运行，持续改进质量培训（见图34）。

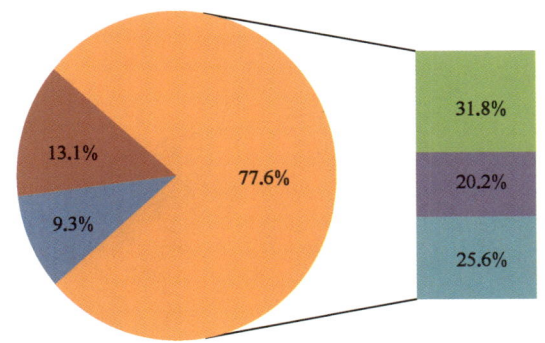

- A. 未制定质量培训年度计划
- B. 根据员工需求，制定少数部门的质量培训年度计划，但未落实并评价效果
- C. 根据员工需求和组织要求，制定实施部门质量培训年度计划，对培训评价
- D. 根据战略和质量体系，制定并实施质量培训年度计划，对培训评价
- E. 建立质量培训管理体系并运行，持续改进质量培训

图34　2022年上海市企业质量培训情况

5. 过程管理

过程管理指标项满分为260分，此次调查的被调查企业平均得分为139.3分。

调查结果显示，在生产/服务过程的质量控制上，仅有 7.6% 的被调查企业没有严格执行操作规范（见图 35）。

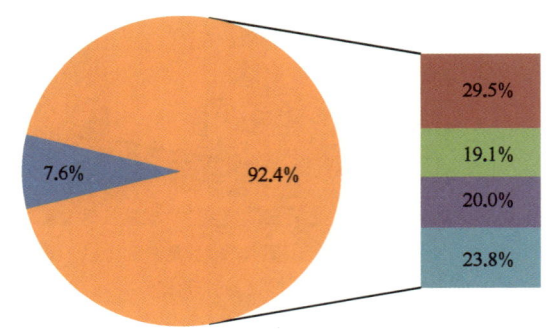

A. 有制订操作规范，但未严格实施
B. 制订具体的质量目标和操作规范，并严格实施
C. 在B的基础上，实施产品/服务的监视与测量
D. 在C的基础上，运用质量管理工具，据此开展过程调整或改进
E. 在D的基础上，并经常对过程控制的方法进行改进

图 35　2022 年上海市企业生产/服务环节质量控制实施情况

调查结果显示，65.9% 的被调查企业已经应用研发创新的质量管理方法，并且效果较为理想（见图 36）。

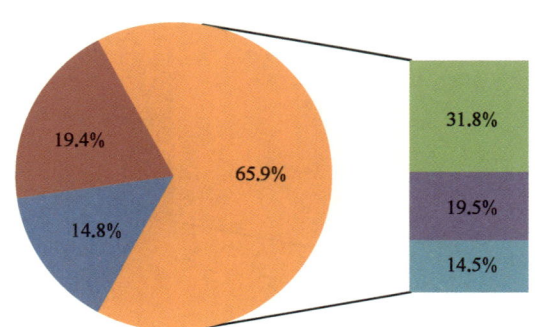

A. 没有使用研发创新方面的质量管理方法
B. 虽然使用了相应的方法，但有局限，效果不显著
C. 较好地应用了研发创新的质量管理方法，效果较为理想
D. 全面系统应用研发创新的质量管理方法，保证并提升了开发的质量和效率
E. 在D的基础上，能够不断改进研发创新的方法，成为行业标杆

图 36　2022 年上海市企业质量创新管理情况

调查结果显示，55.2% 的被调查企业已经建立质量管理信息系统（见图 37）。

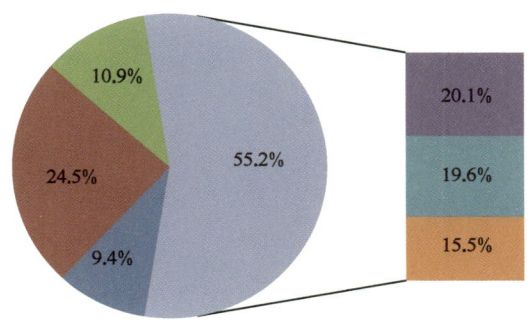

- A. 没有应用信息化工具
- B. 局部应用EXCEL等通用软件
- C. 仅在生产等业务部门使用质量管理专用软件
- D. 在研发、生产、销售等核心业务部门建立了独立的质量管理信息系统，覆盖大多数业务
- E. 建立公司级质量管理信息系统，实现不同业务部门间质量管理在线协同
- F. 在上述基础上，实现与核心供应或顾客等相关方的在线质量业务协同

图37　2022年上海市企业质量管理信息化工具和系统应用情况

6. 绩效管理

绩效管理指标项满分为190分，此次调查的被调查企业平均得分为99.6分，较上年有所下降。

调查结果显示，88.4%的被调查企业建立了质量绩效指标。其中，有45.9%的企业质量考核覆盖全员全过程（见图38）。

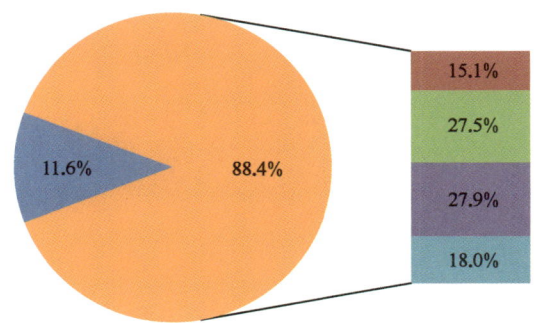

- A. 公司绩效考核体系中没有或仅有少量指标与质量有关
- B. 主要考核质量相关部门的质量绩效指标
- C. 主要职能部门建立了与质量有关的考核指标
- D. 几乎所有部门和员工都有与质量相关的考核要求，形成了完整的质量绩效管理体系
- E. 在D的基础上，取得了显著的实践效果，对产品服务质量提升明显

图38　2022年上海市企业质量绩效考核指标设置情况